爱宝贝 | 养育有道系列

U0855864

好妈妈这样做：挖掘孩子的语言潜能

张海媛　编著

中国妇女出版社

目录

序　篇

你的宝宝“能说会道”吗

语言是人类特有的一种高级神经活动形式。宝宝从出生的那一刻起，就很喜欢听到妈妈的声音，并将妈妈的声音与温暖、食物和舒适联系在一起。语言是表达思想和意识的一种形式，它与宝宝的智能发育有直接关系。语言的发育条件需要听觉、发音器官及大脑三者功能正常。三者中任何一个发育异常，都会影响语言的正常发育。

爸爸妈妈要根据宝宝所处的不同年龄段，参照下表中宝宝语言发育的特点，对宝宝的语言发育进行观察和测试，随时了解和掌握宝宝语言发育的状况。

0~3 岁宝宝语言发育时间表

月　龄	语言发展情况
0~1 个月	* 每个宝宝的哭声都不一样 * 不同的哭声代表着不同的需求 * 对说话声很敏感，尤其对高音更敏感
2~3 个月	* 将声音和形象联系起来，试图找出声音的来源 * 会发出“咕咕”声，而且会发 a、o、e 的音 * 能辨别不同人说话的声音，有不同情感的语调
4~6 个月	* 咿呀作语，开始发辅音，如 d、n、m、b * 看见熟人、玩具能发出愉悦的声音 * 叫他名字会转头看
7~9 个月	* 能重复发出某些元音和辅音 * 能发“ma-ma、ba-ba”的音，但无所指 * 试着模仿声音 * 发音越来越像真正的语言 * 开始懂得一些词语的意义 * 会挥手再见、招手欢迎、拍手
10~12 个月	* 能懂得一些词语的意思 * 能按要求指向自己的耳朵、眼睛和鼻子 * 能说出最基本的语言，如“爸爸”“妈妈”，而且有所指 * 能说出难懂的话，会自创一些词语来指称事物 * 同意点头，不同意摇头、摆手，会讲出单词句

月 龄	语言发展情况
13~18 个月	* 知道书的概念，喜欢翻书、重复别人说的话 * 对熟悉的物品能说出名称 * 能说出身边亲人的称谓 * 会使用“动词”，如抱、吃、喝 * 喜欢用一个发音来泛指一类事物 * 懂些日用品名称，会指出或说出所要的东西 * 能听懂发出的短指令，用手势交流
19~24 个月	* 会表达自己的需要，如说“尿尿” * 开始用自己的小名称呼自己 * 喜欢看电视，可以按指令办事 * 喜欢重复听一首歌、读一本书等 * 能说 3~5 个字的句子 * 听完故事能说出里面有什么人，在做什么事 * 随大人念几句儿歌，会回答最简单的问题
25~30 个月	* 会用形容词，喜欢问“这是什么” * 会用你、他、你们、他们，会用连词 * 知道大约 50 种日用品名称 * 会说简单的复合句，叙述发生过的事 * 会背儿歌 8~10 首 * 会说 5~6 个字的句子 * 掌握约 300 个常用词汇
31~36 个月	* 能分清里、外，大、小，高、矮，会运用大约 500 个单词 * 理解故事的主要情节，并问为什么 * 认识并说出约 100 张图片的名称 * 能说出有 5~6 个字的句子 * 会用如果、和、但是等词 * 会使用礼貌用语，如谢谢、请、再见、欢迎

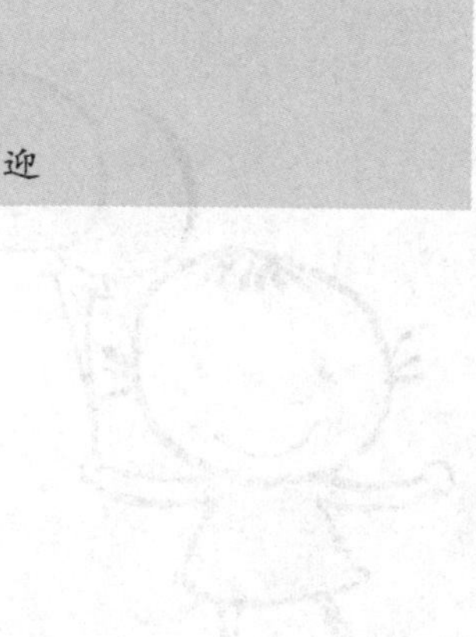

第一章 多听

——宝宝学语言从听别人说话开始

在人的一生中，大概有20%的知识都是通过听觉系统得到的。宝宝最初学到的很多知识是通过听觉传递给大脑，并进而转化成语言表达出来的。因此，宝宝学习语言，首先要学会听，学会了听才会表达。那么如何才能让宝宝想听、爱听、会听呢？这需要爸爸妈妈不断的耐心训练和精心培养，有意识地为宝宝创造一个有声环境，为宝宝语言发展提供一个良好的条件。

迎接一个充满声音的世界

不知爸爸妈妈有没有注意过宝宝对声音的反应。其实，宝宝对声音的感受力从出生的那天就开始了，他们会对周围人发出大的声音作出反应。1 个月的宝宝已经能注意人的声音了，如在宝宝身边轻轻地摇铃、敲击，会引起他的注意；3 个月的宝宝对声音的反应已经有了目标性，头会转向有声音的方向，寻找声源；3 个月以后就能区别一些不同的声音了。

所以，宝宝出生后，爸爸妈妈就要注意对宝宝进行训练了，平时不要忽视宝宝的每一个小动作，更不要以为宝宝听不懂爸爸妈妈的话就忽略了与宝宝的对话与交流。与之相反，这个年龄的宝宝是非常依赖爸爸妈妈与其玩游戏或进行互动的。

朵朵出生后，虽然每天都睡在摇篮里，但她对外部世界的一切充满了好奇。我在她的身边摇铃、击鼓或者说话，都会引起她的注意。不过，这个时候宝宝所能接触和感受的范围还很小，爸爸妈妈要努力给宝宝创造一个充满美妙声音的世界，培养宝宝对各种不同声音的感受能力，提高宝宝的辨音能力。

朵朵出生后不久，我用一个拨浪鼓来吸引她的注意。我在她的身边轻轻摇几下拨浪鼓，让她感受声音的刺激，然后摇着拨浪鼓渐渐远离朵朵身边。这时我注意观察她的反应，只见她会追随着声音的方向转动小脑袋，寻找声音是从哪里发出来的。在朵朵5个月的时候，我让她自己拿着拨浪鼓，帮助她不停地摆动手腕，听拨浪鼓发出的“咚咚”声，往往令朵朵手舞足蹈。

每当朵朵吃奶的时候，一双大眼睛就会盯着我的脸看，此时如果我微笑或轻轻呼唤她的名字，她就会在吸吮的间隙嘴里发出“哼哼呀呀”的声音，似乎在回应妈妈，并表达自己的快乐。

其实，刚出生不久的宝宝所表现出的一举一动都表达着自己的需求或者愿望。爸爸妈妈应时刻关注宝宝的各种小动作，并积极进行回应，以满足宝宝的需求。

在日常生活中，朵朵有很多淘气的表现，拿起玩具玩儿也没玩儿就扔到地上，或者喜欢用尽全力把玩具摔在地上。刚开始时，我以为是朵朵不小心掉下来的，就随手把玩具捡起来，但是朵朵很快又往地上扔。当她听到摔东西的声音，表现得很兴奋，还时不时地向我笑一笑。反复多次后，我对朵朵扔玩具的事情采取不理不睬的态度，任由她扔。但朵朵似乎不依不饶，每次扔过之后，都会一边用乞求的眼神看着我，一边用手指着地上的玩具，让我帮她捡起来。相信很多爸爸妈妈都遇到过这样的情况，宝宝的这种动作真是让人又爱又恨、哭笑不得。

其实，宝宝喜欢扔东西不是存心调皮捣乱，更不是一件坏事，而是宝宝在用自己的方式来探索世界、了解生活。当他们将玩具扔到地上时，会听到“砰啪”的响声，就会让他们在脑海里有了这样的印象：噢，原来摔玩具会发出这样的声音！所以，宝宝在扔东西的过程中，不仅心理上会得到极大的满足和快乐，还能增长见识和经验。同时宝宝在不断地、反复地扔东西的过程中，慢慢地意识到自己“扔”这个动作和物体之间的联系。朵朵喜欢扔东西的那段时间，我会将不同的玩具递到她的手里，让她感受不同的物体扔到地上所发出的声音是不同的，从而对各种事物获得更多的认识。如扔出皮球，会发出“砰砰”的声响，而且还会滚动；扔出哗铃棒，会发出声响，但不会滚动；扔出毛巾，不但没有声响，而且也不会滚动。

爸爸妈妈要善于发现宝宝这些“淘气”的行为背后所隐藏的巨大的智能发展机会，抓住宝宝生活中“淘气”“捣蛋”的每一个细节，给宝宝一点儿支持，和宝宝一起“疯”、一起游戏，切不可因怕摔坏玩具或东西而加以阻止。

朵朵9个月左右时，有一个星期天，她爸爸闲着无事坐在沙发上看报纸。朵朵很好奇，就爬到沙发上端坐在爸爸身边，学着爸爸的样子认真地看了起来。也许是爸爸把报纸拿得太高，朵朵看起来很吃力，就用小手去抓报纸，只听“哧”的一声，报纸被撕了一个角。一听报纸也会发声，朵朵的兴致顿时被调动起来了。她抢过爸爸手中的报纸，高兴地撕了起来，而且越撕越起劲儿。见此情景，我急忙又找出几张旧报纸让她去撕，让她去感受撕报纸的声音，感觉撕报纸这个动作和所发出声音之间的关系。同时，为了满足朵朵制造声音的愿望，我还给她专门准备了塑料盒、金属罐和玩具鼓，让她制造出各种声音，满足她对声音世界的好奇。

在爸爸妈妈的眼里，宝宝的某些行为看似“不可理喻”，但其中却蕴藏着很多教育内容和契机。爸爸妈妈只要发现了其中的奥秘，就可以在满足宝宝需要的基础上，让其在愉快的氛围下，锻炼感受声音的能力。采取这种方法，不但可以增加宝宝肢体活动的机会，而且还可以发展他的认知能力，在实际的操作过程中知道什么样的器具、材料可以发出声音，发出什么样的声音，充分认识和了解声音世界。

生活中，每时每刻都会产生各种各样的声音。对于宝宝来说，这些声音都是很奇妙的。每听到一种声音，他们都很想知道这种声音到底是从哪里发出来的，比如在家里做饭时发出的切菜声音、菜下锅的声音、拉动椅子的声音、碗筷碰撞的声音、汽车开过的声音以及风吹树叶的声音以及雨打窗户的声音等。将这些大人认为是司空见惯的声音，有意识地让宝宝聆听，就会成为宝宝练习听力最好的素材，对宝宝听觉和语言的发展会起到非常重要的推动作用。

妈妈有话说

很多妈妈都有这样的疑问：刚出生的宝宝是不是怕声音？为此，妈妈们会在坐月子的时候把宝宝的房间搞得静悄悄的，连走路都要小心翼翼，生怕弄出一点儿声音把宝宝吓着。那么这样做到底对不对呢？

其实，宝宝的听觉在胎儿时期已经基本发育成熟，宝宝出生后马上就能运用自己的听觉，只是他们不知道声音从何而来，也不能分辨不同的声音而已。这个时期宝宝的听觉反射是简单的“惊吓反射”，属正常的神经反射，家长完全不必紧张。等到宝宝 3 个月之后，会对声源有所注意，如他正在吃奶，听到声响的时候会停下来，转而注意声音的来源。因此，爸爸妈妈让房间里一点儿声响都没有，唯恐宝宝受惊吓的做法是不正确的。

专家方案

如果家长对宝宝本能的反应作出积极的回应，就可以让宝宝在成长的过程中与爸爸妈妈建立起良好的依恋关系，这是宝宝形成健康心理的基础。所以，为宝宝创造一个有声的环境，可以说是为宝宝今后的发展建立了非常重要的基础。

一是家长要注意宝宝的每一个小动作，适时对其进行训练，和他们不断地说话交流，为宝宝创造一个有声世界。

二是家长要注意在日常生活中允许宝宝的淘气表现，家里很多物品都可以成为刺激宝宝听觉的道具。

三是家长要有意识地让宝宝多听听自然界中各种各样的声音。

听觉训练有助于语言发展

说起拨浪鼓，可是宝宝们出生后必备的玩具之一。我家朵朵也不例外，朵朵还在我的肚子里时，我们就迫不及待地把她出生后所必备的玩具都准备齐全了，如摇铃、拨浪鼓、音乐盒等。我在怀孕期间，经常会看一些有关育儿方面的书籍，知道了听声音是宝宝认识世界和学会说话的一项基本的能力。而锻炼宝宝听力最好的方法就是让他感受到外界传来的音色和节奏。

朵朵出生后不久，我就轻轻地在她的耳边摇拨浪鼓，她马上会作出反应。有时朵朵哭闹着，怎么哄也哄不住时，我就用摇铃或者拨浪鼓在她的耳边摇几下，她立刻会安静下来，竖起耳朵认真地听起来。所以，很多人都用这种简单的方法来检查刚出生的宝宝是否有听觉。如果摇铃时宝宝有反应，说明宝宝是可以听到的；反之，则说明宝宝听觉不灵敏。当然这也不能一概而论。

俗话说：会听才会说。宝宝在语言发展之前，听觉就起到把语言信息传递给大脑的作用。0~3 岁是宝宝听力和语言发展的关键时期，如果此时听觉训练得好，那么将来对其语言发展会起到至关重要的作用。因此，爸爸妈妈要把宝宝的听觉训练摆在重要位置。家长和宝宝玩拨浪鼓的游戏，无疑是对宝宝进行听觉训练的一种很好的方法。

朵朵出生两周后，我在家里经常放一些柔和的音乐，以训练宝宝对声音的条件反射，培养她对声音的辨别能力。当然，我和朵朵常做的游戏主要是摇拨浪鼓，以此训练她听到声音后立即寻找声源的能力。

朵朵2个月时，老公将朵朵抱在怀里，我则拿拨浪鼓轻轻地摇晃几下，嘴里唱着："拨浪鼓，咚咚咚，妈妈摇，宝宝听。"这时小家伙坐在爸爸的腿上会表现得很高兴，偶尔还会发出"哧哧"的声音。见状我赶紧拿起朵朵的小手将拨浪鼓放到她的手心，然后帮她握住拨浪鼓，引导朵朵摇几下，而且边摇边唱："拨浪鼓，咚咚咚，宝宝摇，妈妈听。"

每次摇拨浪鼓，我都会变换节奏和力度，让朵朵尽量感受到不同的声响和节奏。有时，我会让朵朵拿着拨浪鼓摇，通过手腕的运动使拨浪鼓发出"咚咚"的声响，让其意识到自已"摇"这个动作对拨浪鼓会产生影响，从而在宝宝的潜意识中留下自已的动作对外界事物会产生影响这一认识。

如果用一个带颜色的拨浪鼓，如红色的拨浪鼓，在宝宝面前摇晃，不仅可以使宝宝听到悦耳起伏的声音，还可以让他感知色彩；让宝宝将拨浪鼓拿在手中摇晃，可以锻炼宝宝的抓、握能力，这有利于宝宝早期的智力开发。

妈妈在摇拨浪鼓的时候，一定要注意力度和幅度不要太大，以免损伤宝宝的耳鼓膜，影响以后的听力。

等宝宝长大一些后，妈妈还可以在宝宝身边的不同方位摇动拨浪鼓，宝宝会跟着发声的方向不断转头寻找声源，这样可以增强宝宝辨识声音方位的能力。

朵朵六七个月时，可以独立坐稳了。我把她放在床上坐稳后，经常会拿起拨浪鼓在她的眼前、两耳旁、脑后等不同的位置摇晃，从不同方向发出声音。朵朵每次听到声音，都会朝发出声音的地方扭头去寻找声源。

有了几次这样的训练之后，每当我拿起拨浪鼓后，朵朵的目光就会跟着我的手不停地转动。有时是我一边摇一边唱儿歌，有时候是让朵朵摇，我唱儿歌，这样拨浪鼓的"咚咚"声伴随着我唱的儿歌声，让朵朵在玩耍时兴奋不已，而且随着音色和节奏不断地变化，朵朵的节奏感有了明显的提升，竟然会跟着我唱儿歌的节奏摇动拨浪鼓了，这说明朵朵的听觉能力得到了进一步的提高。

在平时，爸爸妈妈还可以一边拍手一边唱儿歌，如跟着拍手的节奏用欢快的声音唱《拍手歌》这种节奏感很强的儿歌，也可以学一些小动物的叫声引导宝宝，让他们作出向声音方向转头的动作。

妈妈有话说

要想促进宝宝的语言发展，有意识地锻炼宝宝的听觉能力是关键。因为在宝宝学会说话之前，会将自己听到的各种声音储存在大脑里，为今后说话准备更多的语言材料。因此，在培养宝宝语言能力的过程中，听觉训练是必不可少的，爸爸妈妈在平时应多让宝宝从周围环境中直接接触各种声音，加强宝宝对声音的认知能力。

专家方案

宝宝拥有良好的听觉功能是其智力增长的重要条件，听力对其语言的发育起着决定性的作用。而宝宝最早的智力活动之一就是学习说话，他们对周围世界的认识、思维能力的形成，都是通过掌握语言来实现的。如果宝宝听力出现问题，就会造成语言发展的障碍，所以对宝宝进行早期听力训练是非常重要的。

一是家长要通过玩玩具让宝宝感受外界传来的各种声音，如摇拨浪鼓、放音乐盒等。

二是家长要通过放音乐让宝宝感受音乐的节奏和音色的变化。

三是家长要将音乐和儿歌结合起来，让宝宝享受多重的听觉效果。

听，那是什么声音

朵朵在不会说话的时候，对大人简单的话就已经能够渐渐听懂了。当我和她爸爸说话时，她会用眼睛看着我或者她爸爸的嘴。当我们用简单的句子描述一个常见的物体时，朵朵有时候还会用小手指指这个物体。有时我会对她爸爸说："帮我把朵朵的拨浪鼓拿过来。"刚开始朵朵对这句话的反应就是视线会随着爸爸的走动而不断地移动，这也许只是想看看爸爸在干什么。从第一次她看到爸爸去某个地方把拨浪鼓取来了，在她心里就知道了："哦，原来爸爸是取拨浪鼓了。"经过不断的重复，当我再说这句话时，不等爸爸走到拨浪鼓的跟前，她早就把目光转向了放拨浪鼓的地方，小家伙竟然能听懂拨浪鼓是个什么东西了。这说明，她已经将这个物体和对应的语言建立起联系了。

我认为宝宝在还不会说话前，应该将重点放在听上，这样可以训练宝宝的听觉记忆能力，提高宝宝对音色变化的敏感度，为以后开口说话打下坚实的基础。因此，在朵朵 8 个月左右时，我开始留意各种有关训练宝宝听觉能力的书籍或者光盘，并在一家早教书店里买到了一套只要用手点动物图片，就可以发出相对应声音的玩具。

有了这套玩具之后，我每天用十几分钟的时间来点击图片，如点击小猫的图片时，玩具马上就会发出"喵喵"的叫声。然后我指着小猫说："朵朵听，这是小猫的叫声。”听到声音后，朵朵的注意力马上会集中到这张小卡片上，随后我再点击一下图片，又发出“喵喵”的叫声。这样重复几遍，朵朵对小猫的叫声印象会加深。虽然她还不能发出这样的声音，但在她脑海里会记下“小猫的叫声是这样的”印象，等下次听到后马上会知道这是小猫的叫声。通过这套玩具，朵朵渐渐地熟悉了各种小动物的叫声。

随着朵朵一天天地长大，先前的玩具已经不能满足她了，我就买了一张录有各种小动物叫声的光盘，每张光盘都会配上相对应的小动物的玩具，这套玩具可以训练宝宝听到声音后能迅速找到相对应的玩具，知道这种声音是哪个小动物发出的，进而引导宝宝学会这种声音，培养宝宝听音辨物的能力，同时还可以激发宝宝的兴趣，对提高宝宝的智力和记忆力也很有好处。

光盘播放后，首先听到的是一只小羊羔“咩咩”的叫声，朵朵听到后，马上从玩具堆里找出一只小羊递到我手里，还口齿不清地说“羊羊”。朵朵的这一举动确实让我吃惊不小，想不到不用我引导，她就能完成这个小游戏。我赶紧放下手中的活儿，专心地和女儿一起玩起了“听，那是什么声音”的游戏。光盘里继续放着小动物们的叫声，每放一种声音，我都会让朵朵仔细辨别是什么动物的叫声，然后让朵朵把它找出来。当朵朵准确地找到发声的小动物时，我会及时地给予表扬，有时候是一个鼓励的微笑，有时候是轻轻的一个吻，有时候是口头赞美的语言……这样简单的一个动作、一个表情会让宝宝更有信心。

随后，我会用赞许的口吻说：“朵朵真厉害，一下子就把羊羊找出来了，你看这只小羊多漂亮啊，雪白的毛，圆圆的眼睛，还有两只耳朵，它刚才是怎么叫的？”鼓励宝宝模仿几声小动物的叫声，以巩固她的认知能力。

宝宝模仿各种动物的叫声是很不容易的，有时候他会看着你不说话，有时候他发出的音完全不对，比如把“狮子”发成“希几”，把“狗狗”发成“豆豆”等。这时候妈妈不要着急，可以重复放几次给宝宝听，也可以先给宝宝做示范，然后让宝宝模仿。

如果条件允许的话，妈妈可以经常带宝宝去动物园看一看各种动物，因为活生生的动物与在图片或者玩具中看的动物并不是完全一样的。让宝宝亲身走近动物，近距离地观察它们的体形特征以及发出的叫声对认知能力会更好。

除了让宝宝听动物的叫声之外，在生活中很多声音都可以作为训练宝宝听觉的素材，这需要爸爸妈妈们在平时多用心留意，比如可以将钟表的嘀嗒声、水龙头的流水声、按门铃声、大自然中风吹树叶的沙沙声、下雨的哗哗声，以及各种乐器、各种交通工具发出的声音等，都让宝宝听听。

每位家长教育宝宝的目的是为了帮助其发展，而只一味地灌输知识是不对的。正确的引导比强迫灌输产生的效果会更好。所以，爸爸妈妈要结合宝宝的认知能力，在带宝宝外出看见各种物体时，要引导宝宝注意倾听它们所发出的不同声音，还可以经常和宝宝玩听声音找物体的游戏。

妈妈有话说

宝宝 1 岁左右正是牙牙学语之时，听到声音后，他们也会随着发出一些音，说一些简单却不太准确的词。这个时候妈妈要不厌其烦并尽可能多地和宝宝说话，让他们多听，引导他们模仿各种声音，锻炼宝宝的发音能力。因为只有听得多了，宝宝才能多说话且会说话。

专家方案

妈妈要有计划地经常带宝宝观察各种事物，多与外界以及各种各样的人接触，尽可能为宝宝创造能听、能看、能说的语言环境。

一是家人的正常活动会产生各种声响，如走路声、关门声、流水声、说话声等，这些均能刺激宝宝的听觉，促进听觉发育。

二是除自然存在的声音外，家长还可以人为地给宝宝创造一个有声世界，如买一些有声玩具，听节奏优美柔和的乐曲等。

三是妈妈要经常和宝宝说话，为宝宝今后学说话创造条件。

多和宝宝说话并非“对牛弹琴”

在我怀着朵朵的时候，老公每天晚上会腾出十多分钟的时间，趴在我的肚子上和宝宝说说话，每当这个时候，我就能明显地感觉到宝宝动几下。难道是她能听到爸爸的声音了？

当朵朵出生以后，我会一边抚摸着朵朵，一边和她说话。诸如：“宝宝乖乖。”“宝宝听话。”“妈妈喜欢你哦！”“宝宝快快长大吧，长大爸爸妈妈带你出去玩儿，好不好啊？”类似这样的话我会不断重复，时间长了只要我一抚摸朵朵，她就会盯着我的嘴，似乎等待着我开口说话。

当朵朵6个月时，我会拿一些东西在女儿眼前晃来晃去，而朵朵的眼睛就会随着物品不停地转动，不停地寻找。这时，我随即会说出这个物品的名称，如小熊、苹果、杯子。记得有一次我从鱼缸里捞了一条金鱼让朵朵看，并告诉她这是金鱼。当我把金鱼放进鱼缸里后，朵朵的眼睛一直盯着鱼缸里游来游去的金鱼。当我问她：“金鱼哪儿去了？”她就会把目光转向鱼缸。

需要家长注意的一点是：在和宝宝交流时声音一定要柔和，最好面对面看着孩子的眼睛说话。

很多家长认为刚出生的婴儿并不能听懂我们说话，和他们说话只是“对牛弹琴”，所以根本没有必要和他们进行交流。实际上，虽然这个时候跟宝宝说话、交流实属“对牛弹琴”，但即便如此，也还是要“弹”。我在女儿成长的过程中尝试了很多方法，虽然宝宝理解的过程比较漫长，但只要持之以恒，就能起到潜移默化的作用。女儿成长的每一步都会让我感到特别欣慰。不管宝宝能不能听懂，家长都要学会和宝宝多交流、多说话，让宝宝多听，这对宝宝的智力发展大有好处。

朵朵一出生，我就让她多多地看爸爸妈妈的表情，和她多说话。再大一点儿后，我在教她认识事物的同时，还配以手势说明，而且效果比只说不做要好得多。比如看见天空中飞翔的小鸟，我就会用手指着小鸟说："那是小鸟。"比如给宝宝洗澡时，一边洗一边对宝宝说："妈妈正在给你洗澡。"如果去了商店看见一只毛绒小熊，不仅要告诉孩子这是什么，还可以让孩子摸一摸。总之，训练宝宝的方法就是看见什么说什么，做着什么讲什么，多抱着孩子四处走走，让他们接触新奇的事物，认识这个五光十色的世界。这样，宝宝会慢慢地把语言和相对应的事物联系起来，为将来的语言发展打下坚实的基础。

朵朵10个月大的时候，正好是春暖花开之际，我带着朵朵到附近的公园里踏青。公园里的人很多，小朋友也很多。女儿见此情景，高兴得手舞足蹈。当我们来到一个花坛旁边时，我指着各种各样的花朵对女儿说："看，好漂亮的花呀。这是红花，那是黄花，还有白花；这是叶子，叶子是绿色的……"女儿随着我的手指不停地寻找着。我知道，此时的女儿对各种花朵只是充满好奇，并不知道我所说的红花、黄花、白花是什么意思，但即使这样"对牛弹琴"，我相信，有一天女儿终会明白它们的意思，而且还会无意中在女儿的大脑里增加红色、黄色这样的词汇。

有一次，我准备为家里添加几盆植物，就带着女儿去了花市。还没等我开口说话，女儿就高兴地指着一盆红玫瑰花说："红花。"当时我既惊讶又高兴，没想到上次教她的知识，竟然已经储藏在宝宝的脑海里了。

宝宝很小的时候，对大人所说的话的确听不懂，但他的学习能力很强，当爸爸妈妈总是微笑着对他说这说那时，这种语言信息就会储存在他的脑海里。随着宝宝智力的不断发育，再经过爸爸妈妈不断的重复之后，他就会明白说的是什么意思了。比如说，当对宝宝说："宝宝，球哪去了？"他便会转身去找。

所以，家长所说的每一句话，所做的每一件事，只要绘声绘色、兴致勃勃地讲给孩子听、指给孩子看，孩子都会感兴趣。只要长期坚持下去，外部事物都会刻在孩子的脑海里。当然，父母在教孩子认识事物时千万不可以为了急于求成而强迫灌输，在自然、快乐的游戏过程中教会知识才是成功的早教。

在日常生活中，家长还可以用这样的方法教孩子认识各种瓜果、蔬菜、粮食、交通工具等林林总总的物品；让孩子认识蓝天、白云、日月、星辰、山川、江河、湖海、树木等。只要你用心教宝宝，宝宝就会用心去学。当孩子认识了一些事物之后，妈妈还可以换一种方法对宝宝说："天上飞的是什么？""我们今天吃的是什么菜？""呼呼响又看不见的是什么？""那只小狗为什么对着主人摇尾巴？"……

现在，对于生活中各式各样的事物几乎没有朵朵不知道、不认识的，而且她还会利用某一个东西或者某一件事情编故事、讲故事呢。

因此，在宝宝开口学说话前和学说话期间，妈妈一定要腾出充足的时间陪伴宝宝，多和宝宝交流，不要怕"对牛弹琴"。殊不知，你说多了，宝宝听多了自然就懂了，也自然就会了。

妈妈有话说

宝宝在学说话之前，首先具有的是听的能力，尤其是对声音的定向力，这是宝宝从出生的那一刻就开始具有的与爸爸妈妈交流的能力。尽管此时宝宝还不会开口说话，但家长不要认为他们什么也听不懂，就不与其交谈。千万别小瞧宝宝，他们比我们想象得要聪明得多。家长多和宝宝聊天，有益于宝宝的智力发展。

专家方案

很多父母认为，低月龄的宝宝只会发出咿咿呀呀的声音，并不是真正的说话，和他们说话他们也听不懂说什么，所以完全不用过多地和宝宝说话，其实这是一种错误的认识。宝宝虽然还不会说话，但爸爸妈妈与其说的每一句话他们似乎都能听懂，所以家长要多和宝宝说话，即使是“对牛弹琴”也要坚持。

一是妈妈和宝宝聊天应该从怀孕的那一天就开始。

二是爸爸妈妈在日常生活中，要有意识地随时和宝宝多说话，也就是看到什么说什么，做着什么说什么。虽然宝宝不会说话，但他们会将听到的东西储存在大脑里，等将来会说话后随即可用。

有声有色地为宝宝朗读

从宝宝降临到这个多彩世界的那一刻起，爸爸妈妈肯定会情不自禁地与宝宝聊天，比如喂奶时、换尿布时、哄宝宝入睡时以及和宝宝玩时。虽然爸爸妈妈这个时候并不能确定宝宝是否能听得懂，但那种自言自语似的聊天的感觉也会让宝宝非常惬意。而为宝宝朗读则是一种更富条理性的交流方式，在爸爸妈妈朗读声中，宝宝会潜移默化地注意到语言中所蕴含的逻辑性与语法结构，特别是那些有韵律感的文章，如儿歌、童谣、故事等，如果再结合一些宝宝喜欢的玩具、动画片、插图，则更适合宝宝倾听和观赏。所以爸爸妈妈在平时可以有意识地为宝宝朗读，锻炼宝宝的听觉能力，培养宝宝对语言和阅读的兴趣。

从朵朵 5 个月开始，我和她爸爸就收集了一些读起来朗朗上口的、有韵律感的儿歌和童谣，有意识地为朵朵朗读，而且我一边朗读，一边爱抚着她的身体。朵朵每次听到我有声有色地朗读就会安静下来，睁着大眼睛看着我的脸，看着我的嘴型，所以每当这时我说话的口型就会稍微地夸张一点，以便引起朵朵的注意，为她将来模仿开口说话做准备。

在朗读的时候，家长要尽可能投入地扮演故事中的每个角色，这样做能让故事更加吸引宝宝。举个例子来说，当我给朵朵讲故事时，读到小猴子掉到水里时，就故意把声音放大，让宝宝体会到小猴子掉进水里后的惊险场景；

当我读到小动物们正在安安静静地聆听森林里的“交响乐”时，就把声音放低，面带陶醉的表情让宝宝意识到听音乐就要保持安静，而且这是一个非常享受的过程……家长如果能让宝宝这样轻松愉快地度过短短的讲故事时间，就会调动起宝宝对你所讲故事的兴趣，同时你所扮演的各种角色以及描绘出来的各种场景也会让宝宝产生身临其境的感受。

有的爸爸妈妈可能会怀疑为宝宝有声有色朗读所产生的效果，认为朗读是一门艺术，是一门学问，对于这么小的宝宝而言，实在是太不适用了。其实，1 岁以内的宝宝不一定能完全听懂父母说的每一句话，但是父母的声音对他来说就已经很美妙了，很具有感染力，尤其是父母朗读时有色有声、抑扬顿挫、口型夸张一点儿的方法，更能吸引宝宝的注意力。等宝宝能接受的阅读范围更大一些的时候，爸爸妈妈就可以根据宝宝的兴趣爱好为其选择书籍，比如选择一些具有画面简单、色彩鲜明、图文并茂的儿歌，或者情节简单的故事和童话，以及一些介绍科学常识、身体知识和日常规范等具有启发、教导意义的书籍或动脑、动手的智力图书等。毫无疑问，妈妈为宝宝朗读既能刺激宝宝的视觉，又能让宝宝体会到语言的美妙。

在朵朵 13 个月时，我们每天都会利用闲暇时间，在一个光线适中的地方给宝宝讲故事：有时候是坐在沙发上，有时候是趴在床上，有时候是坐在书房的椅子上。一次，我给她讲了《小兔子的朋友》这个故事，我引导朵朵看画面中的小动物，说：“这是一只小兔子，这是一只小山羊，这是一只小鸡，这是一只小鸭。”朵朵知道图片中的小动物是什么后，对接下来所讲的故事就更容易理解了。朵朵认识了画面中的各种小动物后，我就开始富有感情地、有节奏地给朵朵朗读起来：“小兔子很寂寞，于是它出去找小朋友。在路上，它看到了一只小鸡，就问小鸡：‘你愿意和我做朋友吗？’小鸡高兴地点点头说：‘叽叽叽，我愿意！’后来小兔子和小鸡又碰到了小鸭和小羊，小兔子问：‘你们愿意和我们做朋友吗？’小鸭子高兴地说：‘嘎嘎嘎，我愿意。’小羊也高兴地说：‘咩咩咩，我愿意。’于是小兔子、小羊、小鸡、小鸭成了好朋友，它们一起快乐地玩耍起来。”我一边有声有色地给朵朵朗读故事，一边用手指指着画面上的动物帮助朵朵认识动物。朵朵被我的声音感染了、吸引了，故事讲完了她似乎还沉浸其中没有回过神来。

当然，在给宝宝朗读故事或者童谣时，可以鼓励宝宝和自己一起朗读，而且别忘了时不时地和宝宝交流一下感受和想法，比如说小鸡是怎么叫的？兔子的耳朵长什么样子？……听听宝宝稚嫩、有趣的回答，让他在妈妈的朗读声中，不仅要获得声音记忆，而且也为宝宝拓展知识，为以后的阅读和写作打下坚实的基础。此外，在与宝宝一起看书朗读的过程中，会增强他集中注意力的能力。

为宝宝有声有色地朗读，最好选择在宝宝精力充沛的时候进行，并随时根据宝宝的状况调整时间，以免宝宝因注意力不集中而对故事失去兴趣。要注意的是每次为宝宝朗读的时间不宜太长，控制在8~10分钟即可。

随着朵朵年龄的增长，她的语言接受能力和语言表达能力逐渐增强，我和她一起朗读的方法也随之不断地发生变化。有时候我们一边朗读一边提问题；有时候我读一段，朵朵读一段；有时候完全由朵朵来朗读……这样灵活的朗读方式，不仅锻炼了朵朵的思维能力和想象力，也使朵朵的语言表达能力得到提高。

如果妈妈仔细观察就会发现，当你给宝宝朗读时，他的眼神是那么的专注和欢喜，而当他想听你朗读却得不到满足时，眼神会流露出许多失望。所以妈妈要从宝宝出生后不久就应该为宝宝有声有色地朗读故事，而且用抑扬顿挫的声调朗读，这不仅能帮助宝宝学习词汇、语法和句子，还能让宝宝意识到得到了妈妈的关注，是被妈妈疼爱着的，而这种安全感对宝宝的一生都有益处。

妈妈有话说

宝宝识字早、语言能力好是“早慧”的重要标志之一。爸爸妈妈都希望自己的宝宝将来能伶牙俐齿、头脑聪慧，那么，从小培养宝宝的语言能力就是关键所在。因此，爸爸妈妈在宝宝很小的时候，每天利用十几分钟对他大声朗读，是一条增强宝宝语言能力的捷径，也许会让宝宝终生受益。

专家方案

和随意地与宝宝交谈、聊天相比，朗读是一种更富条理性的交流方式。爸爸妈妈必须趁早，甚至在宝宝一出生就开始为他朗读，因为阅读能刺激宝宝脑部发育，提高语言能力，同时也可以和宝宝建立起良好的亲子关系，并进一步促进宝宝在其他方面的良性发展。

一是爸爸妈妈要选择一些有韵律感的、简短明快的文章为宝宝朗读，如儿歌、童谣、故事等。

二是爸爸妈妈可以选择带插图的故事书给宝宝读，这样既可锻炼宝宝的听觉，又可锻炼宝宝的视觉。

三是爸爸妈妈朗读时要声情并茂，让宝宝体会到语言的美妙，增加宝宝对语言和阅读的兴趣。

四是爸爸妈妈朗读时可以采用灵活多样的方式，既可以妈妈朗读让宝宝听，也可以和宝宝一起朗读，还可以一边朗读一边问问题，等等。

听音乐，开发语言潜能

宝宝的听力是与生俱来的，出生几天后就能对不同的声音建立条件反射；一个月后便可以辨别声音出自何方；3 个月后就可以认识经常逗自己玩的妈妈了；到五六个月的时候，当听到十分悦耳的声音时，他会表现得很愉快。此时，爸爸妈妈要抓住宝宝的这一发育特征，给宝宝多听一些优美悦耳的音乐，这样能让宝宝在快乐中接受语言发展的启蒙训练。

音乐是一门听觉艺术。爸爸妈妈从宝宝很小的时候就应该有意识地让他听音乐，这样不仅可以培养宝宝倾听音乐的兴趣，感受到音乐的美，而且对开发宝宝的语言潜能也有着非常重要的作用。

朵朵出生后，我每天会选择朵朵精力充沛的时候，播放一些比较轻柔、缓慢的音乐让她听，如轻音乐、乡村音乐等，这样的音乐会让宝宝感到安全、舒适；等朵朵一岁半时，我就选择一些有各种小动物叫声的音乐让她听，并鼓励朵朵大胆地模仿发音；到朵朵两岁半至三岁这个阶段时，我常常播放一些内容短小、形象鲜明的音乐让她听，这样不仅可以培养宝宝对音乐的理解能力，而且通过我的讲解她还能学习到更多的语言词汇。此外，她还可以根据音乐想象一些画面、动作，这对培养宝宝的想象力也很有好处。

音乐是一种能调节宝宝情绪的艺术。爸爸妈妈可以合理地运用音乐对促进宝宝发育的这一优势，结合宝宝的年龄特点，选择适合宝宝的音乐曲目，这样在宝宝发育的不同阶段，能倾听到不同的音乐。比如，宝宝在不会说话阶段，语言培养以听为主，所以这个时候要选择抒情、舒缓的音乐让宝宝倾听、感受音乐的旋律；当宝宝学会说话后进入模仿阶段时，爸爸妈妈要选择一些易于宝宝模仿发音的音乐；当宝宝脱离“鹦鹉学舌”阶段后，可以选择培养宝宝想象力、创造力、语言理解能力、动作协调能力等各种能力的歌曲，让宝宝在听音乐的过程中发展综合能力，开发大脑智力。

在音乐的熏陶下，朵朵在八九个月时，每当音乐响起的时候，就开始跟随着音乐的旋律不停地摇摆着小手，或者不断地点头。记得有一次，朵朵因为尿裤子“哇哇”哭个不停，怎么哄她都不起作用。在万般无奈的情况下，我用光盘放了一曲《童年》，听到欢快的音乐声后，朵朵顿时由“哇哇”大哭声变成了轻轻的抽泣，然后止住了哭声，最后竖起两只小耳朵安静地倾听着，生怕自己的哭声打乱这美妙的音乐声……随着轻柔、欢快的音乐声，朵朵似乎早把刚才发生的一幕抛到九霄云外了，并且在床上开始左右扭动着身体，摆动着两只小手，晃动着小脑袋享受起音乐来了。

音乐对1~2岁宝宝的智力开发具有积极的意义。音乐能刺激宝宝大脑皮层，促进脑细胞及脑功能的发育，进而刺激宝宝智力的发育。其实，好动也是宝宝的天性，而音乐的旋律、节奏能给宝宝一种动感的刺激。所以爸爸妈妈会看到当宝宝听到音乐后，就会不由自主地跟随着音乐的旋律、节奏扭动身体“翩翩起舞”，甚至还会跟着音乐“同声喝彩”起来，这种好动的天性正是宝宝内在感情的自然流露，有利于宝宝语言和动作的发展。所以，爸爸妈妈在给宝宝选音乐的时候，可以有意识地把音乐中的旋律、节奏与宝宝的动作、语言结合起来。

在朵朵学习语言的过程中，我们一家三口经常这样做游戏。有一次我带着朵朵到农村的亲戚家做客，亲眼目睹了一只猫抓老鼠的情景。回到家里后，我们便在音乐的伴奏下，开始玩起了“猫捉老鼠”的游戏。在游戏开始前的准备阶段，我和朵朵商量好由我当猫，朵朵当老鼠。游戏开始后，我扮演的猫坐在椅子上假装呼呼睡大觉，朵朵扮演的老鼠跟随着音乐声，模仿老鼠的行为举止，鬼鬼祟祟、东张西望地在猫的面前走动。忽然音乐戛然而止，猫睁开眼睛醒来了，老鼠马上找一个隐蔽的地方躲了起来，然后我跟着音乐模仿着猫的动作走走停停，再竖起耳朵听听，寻找老鼠的踪迹。每次玩这个游戏时，朵朵的兴致都特别高，而且动作会跟着音乐的节奏不停地变换。

当然，在生活中任何游戏都可以融入音乐的成分，让宝宝在游戏中感受音乐的音色及声音强弱，这样可以提高宝宝听觉的敏锐性，促进宝宝语言的发展。

音乐对宝宝固然有益，但如果用之不当，则对宝宝不利，如音乐声太强，就会损害宝宝的听觉，影响宝宝的饮食、睡眠等生理活动，以及产生吵闹不安等情绪，甚至会对宝宝生理和心理造成严重的损害。另外，宝宝的注意力一般持续时间很短，如果音乐时间过长，就会使宝宝感到听觉疲倦，甚至因此失去对音乐的兴趣。所以，在让宝宝听音乐时，最适宜的音量范围是 40 分贝~60 分贝，时间最好控制在 5~10 分钟。

音乐是一种独具魅力的艺术，又是爸爸妈妈发展宝宝各种能力、开发其智力的有力助手。爸爸妈妈通过让宝宝听音乐，可激发宝宝的情感，净化宝宝的心灵，并用音乐的神奇魅力，开发宝宝的智力，促进宝宝的健康成长。

妈妈有话说

婴幼儿期是宝宝听觉发展的关键期，如果此阶段宝宝所处的生活环境中缺乏丰富的听觉刺激，就会使宝宝的听觉发育受到阻碍，势必会影响宝宝的语言发展。因为语言的学习，必须要通过听觉实现，只有听得多了，才能说得更多。而从小有意识地让宝宝多听音乐，给宝宝丰富的听觉刺激，对宝宝的各项发展都会具有启蒙作用。

专家方案

为了宝宝的智力发展，尽早训练宝宝的感、知觉非常重要，听觉就是其中的一个方面，而且听觉对宝宝日后的语言发展的影响更是不容小觑。那么，怎样才能让自己的宝宝在倾听音乐的过程中，发展各种能力呢？

一是从宝宝出生的那天起，爸爸妈妈就应该开始为宝宝选择合适的音乐，并随着年龄的增长不断变换音乐的内容。

二是家长在陪宝宝倾听音乐时，态度一定要认真，不要随便讲话，让宝宝养成安静听音乐的习惯。

三是爸爸妈妈要学会将音乐和游戏融为一体，让宝宝在听音乐中唱唱、跳跳、玩玩，发展各种能力。

四是在宝宝听音乐时，家长可以运用形象的玩具，帮助宝宝理解音乐的内容，增添听音乐的趣味。

给宝宝讲口语化故事

故事对宝宝有着特殊的吸引力，故事中刻画的人物、叙述的情节都会让宝宝感到新奇，而宝宝在聚精会神地聆听妈妈讲故事时，会逐步提高正确使用语言词汇的能力、对语言的理解能力以及对文字的感悟能力。

给宝宝讲故事，这是一件看上去简单但做起来却很难的事。特别是对那些月龄比较小，尚且不具备完整表达个人意愿的宝宝，更要注意一些方式方法。因为故事书是用文字写成的，它是供人们用眼睛看的，而讲故事是要用嘴描述的，说出来的话是让宝宝用耳朵听的，因此，故事书中那些不易让宝宝听懂的书面语言，要挑出来，改一改使其更加口语化，这样才有利于宝宝理解。

讲故事几乎是我为朵朵每天必做的功课，从出生到现在从未停止过，有的故事不知讲过了多少遍。但不论女儿是在“咿咿呀呀”时，还是现在说话很流利时，我给她讲故事的时候对故事情节都要做口语化的改编，尽量用一些女儿能理解和易于记忆的语言来讲，并讲述得更为详细。

比如在讲《小乌龟》的故事时，书本上故事开头是这样写的：“救小兔子的乌龟可不是一个两个，可多了……”如果照着书本这样念，我想朵朵很难理解，听起来也很难“入神”，也许故事没讲完，她就失去兴趣了。所以，我就用非常口语化的语言讲，果然这几句“啰唆”之语，对女儿集中注意力起到非常重要的作用。我首先问朵朵：“宝宝见过乌龟吗？”女儿很认真地摇摇小脑袋说："没有。"

于是我借机找出一张画有乌龟的图片，对女儿说："这就是乌龟，它既可以在水里游，也能在地上爬，长着四个爪子，一条尾巴，长长的脖子，背上还背着个硬壳。"我一边说一边指着乌龟的各个部位让她认识。我发现女儿的兴趣被调动起来了，便马上进入今天的主题。于是说："今天妈妈要讲的就是关于乌龟的故事。救小兔子的乌龟不是一只，也不是两只，有好多只呢……"就这样，《小乌龟》的故事经过我稍微一改，朵朵不仅能听明白故事的内容和情节，而且故事又显得生动、形象。

我们知道讲故事和写故事是不同的，讲故事是一种口头文学，强调的是大众化、口语化。我们讲故事的对象是宝宝，所以，在讲故事时必须处处以他们的年龄、心理特征、知识水平等生活经验为准，因此在讲之前或者讲的过程中一定要作必要的修改，使之更适合宝宝。

在朵朵四五个月时，我就去书店里买了很多色彩鲜艳、美观的图片类婴幼儿读物，每天有计划、有目的、定时地阅读。朵朵 1 岁左右就开始阅读《婴儿画报》，我每天根据画报的内容和她一起讲故事，一个故事反复地讲。我尽量用完全口语化的语言来描述，引导女儿尽可能地发挥想象力，拓展一些在画面上没有直接表现出来的情节，为她以后理解整个故事做好铺垫。如在讲《拔萝卜》时，画面上一个老爷爷和一个老奶奶正在种萝卜。我在讲故事的过程中会问她："老爷爷和老奶奶为什么要种萝卜?""老爷爷对老奶奶说些什么话?"……让朵朵去发挥自己的想象力。当然给出的答案也是千奇百怪的，比如："老爷爷和老奶奶饿了呀。""老爷爷对老奶奶说'萝卜好大呀'。"经过给朵朵反复讲解，等她慢慢熟悉故事的情节后，我就会逐渐提炼较为规范的书面语言来讲这个故事，便于朵朵在理解的基础上学习词汇、语句，让她尝试简单地复述故事。在这里需要注意的是：在讲故事时如果有实物或讲解带有插图的儿童读物时，家长可以一边指导宝宝观察实物或插图，一边进行讲述。

2~3 岁的宝宝理解能力有限，爸爸妈妈在讲故事时除了需要用口语化的语言进行描述之外，在故事的选择上也应该选一些便于宝宝理解的故事或者与宝宝生活经验相关的故事，如一般以动物为主人公的童话，涉及生活常识、规范幼儿行为的故事等。故事的篇幅要短小，情节应简单，词汇也尽量口语化。而且给宝宝讲故事的时间不应该过长，一般对 3 岁以内的宝宝，要控制在 10 分钟以内。

妈妈有话说

宝宝喜欢听故事就好像他们喜欢玩一样，而家长正好可以利用宝宝的这一特点，来选择一些适合宝宝理解的小故事。因此多给孩子讲一些篇幅短小、情节简单、词汇尽量口语化的小故事不仅可以增长宝宝的知识，同时也可让宝宝对爸爸妈妈更有亲切感。

专家方案

讲故事对宝宝智力发育有诸多好处，比如宝宝在倾听中提高正确使用语言词汇的能力、对语言的理解力以及对文字的感悟能力，同时在反复讲述的过程中，还能有效地提高宝宝的记忆力和注意力。所以，在生活中，家长不管有多忙都要挤出一定的时间为宝宝多讲故事。

一是爸爸妈妈尽量将书中的故事用自己的话给宝宝讲出来，这样易于宝宝理解和学习。

二是爸爸妈妈在讲故事的过程中，要巧设一些问题让宝宝发挥想象力来回答，这样既能锻炼宝宝的说话能力，又能拓宽宝宝的想象空间。

三是爸爸妈妈对宝宝可以反复讲一个故事，有利于增强宝宝的记忆力。

声情并茂地跟宝宝说话

朵朵出生后，我特别注意和她讲话的方式，比如给她换尿布时，先让她光着屁股玩一会儿，产生一种轻松感，她会欢快地把腿抬上放下，我会随着她的节奏用欢快的语气说："宝宝跳跳、蹦蹦……"这个动作反复做几次后，每当朵朵露出小屁股，我一说蹦蹦、跳跳，她马上就会躺在那里欢快地伸腿、蹬腿。

朵朵在三四个月时，就会用眼睛朝着你看、笑，有时小嘴还会动，发出"呀……呀"的声音，表情看起来很愉快，好像是在和爸爸妈妈交流一样。这时我会不失时机地看着小家伙的眼睛说："朵朵乖，朵朵好漂亮，朵朵是妈妈的乖宝宝。""妈妈喜欢朵朵，朵朵真听话。"小家伙好像听懂我在夸她，看着我小嘴朝上一翘，高兴地"呀呀"叫个不停。

从朵朵出生的那天起，到她能咿咿呀呀学说话，再到她能很好地和爸爸妈妈用语言进行交流，我每次跟她说话时，总是声情并茂，甚至有点儿夸张。我要么运用丰富的面部表情，要么就手舞足蹈起来，用生动多变的语气、语调给朵朵留下较为深刻的印象，让她在脑海里知道："哦，原来语言的魅力如此之大。"每当这个时候，朵朵的模仿欲望也被充分地调动起来，手脚不停地动起来，嘴里"呀呀"声也越说越快，好像迫不及待地要说出自己的快乐似的。

对宝宝进行语言刺激应该说是越早越好，不要等到宝宝学说话时才开始，要提前进行，让宝宝有一个厚积薄发的过程。现在，几乎每一对年轻的准爸爸准妈妈都知道语言胎教对宝宝未来成长的重要性。所以，我建议从怀孕期开始就要有针对性地跟胎儿讲话，宝宝出生后，更要延续这一重要的语言开发工程。家长一定坚持每天多和宝宝说话，并且语言要优美、有韵律、有节奏感，这样可以刺激宝宝的语言中枢神经，促进大脑的发育。

值得家长注意的是：在跟不会说话的宝宝交流时，更需要把声音放柔，语速放慢，表情最大限度地丰富一些，这样能最大化地吸引宝宝的注意力。比如：妈妈在哄宝宝时可以轻轻地唱儿歌，给宝宝声情并茂地读诗歌，给宝宝绘声绘色地讲故事等。此外，妈妈一定要把握与宝宝讲话的尺度，语言刺激不能过于频繁，时间不宜过长，一般以 10 分钟左右为宜，否则会让宝宝大脑和神经产生疲惫感，结果会适得其反，不利于宝宝的正常发展。

家长声情并茂地和宝宝说话、讲故事，可以为宝宝提供更多的词汇，为其将来说话，学会用语言表达情感、描述事件乃至写作储存资本。

语言是人类最重要的交际工具，是人与人之间进行沟通的桥梁。0～3 岁这一阶段是孩子大脑发育突飞猛进的关键期，而语言表达能力的高低则是孩子身心发展的重中之重。所以，有人说，培养孩子是人类最伟大、最艰巨的一项工作。此话一点不假，相信普天之下的所有父母都希望孩子未来能成为能说会道的人才。当然，愿望是美好的，真正化为现实的时候，家长们又会觉得语言开发的确是个大难题，不知从何下手。如果你也有这样的困扰不妨试试上述办法，从宝宝出生的那天起，就开始声情并茂地和宝宝说话，让宝宝在爸爸妈妈的感染下，更早、更好地学会说话，表达自己的想法。

妈妈有话说

宝宝是在和爸爸妈妈不断交流的过程中长大并学会说话的。在宝宝学说话的过程中，爸爸妈妈说话时一定要声情并茂，让宝宝充分感受到语言的感染力。爸爸妈妈给宝宝念儿歌或讲故事时声调要抑扬顿挫，让宝宝感受到语言的魅力，产生迫不及待想开口说话的欲望。

专家方案

和宝宝说话，给宝宝讲故事时，只有爸爸妈妈讲得津津有味，宝宝才能听得津津有味。所以爸爸妈妈和宝宝说话、讲故事的言语要尽可能生动，多用拟声词，必要时还可以手舞足蹈、运用丰富的面部表情。

第二章　多说

——宝宝敢说才能会说

3岁前宝宝语言的发展经过一个连续、有次序、有规律的过程。根据宝宝实际的语言发展状况，它可分为6个阶段：简单发音阶段、连续音节阶段、学话萌芽阶段、单词阶段、简单句阶段、复合句阶段。有些宝宝在10个月左右时就会进入学话萌芽阶段，从这个时候开始，爸爸妈妈应抓住宝宝语言发展的黄金期，积极地为宝宝创造良好的说话环境，多和宝宝对话交流，教宝宝说话。大量的语言刺激和引导，对宝宝语言发展具有至关重要的作用。

录下宝宝的“咿咿呀呀”

朵朵 2 个月的时候，一天到晚总喜欢“咿咿呀呀”地说个不停。出于好奇，我将朵朵每天说得最大的“咿咿呀呀”声音录下来，一方面想知道她听了自己说的话后会有什么反应和举动，另一方面是想等女儿长大后再放给她听时，做个留念。当我第一次将录下来的“咿咿呀呀”放给她听，想不到她听得可认真了，还边听边乐，好像知道这是自己的声音一样。

其实宝宝在 2 个月时就已经开始注意周围的世界了。首先宝宝开始喜欢爸爸妈妈的声音，他会随着声音不停地寻找，而且对不同的声调会有不同的反应。如果面对面地逗他，宝宝还会以种种变化的“咿咿呀呀”来回应。很多父母对宝宝的哭闹很重视，对孩子的“咿咿呀呀”却很少关心，其实宝宝发出“咿咿呀呀”的学语声，是为今后的语言发展进行重要的前期准备。这个时候妈妈就要多听宝宝说话，多跟宝宝进行对话，甚至把宝宝发出的声音录下来反复播放给他听，鼓励他再次发出“咿咿呀呀”的声音。

因为宝宝没有学会说话之前，他对任何事物的反应都是以“咿咿呀呀”或身体姿势或面部表情作为回应，所以这时爸爸妈妈还要学会察言观色，对宝宝的行为、情绪要保持敏感，这样才能轻轻松松地和宝宝进行交流互动，并有利于促进宝宝学习语言。

朵朵五六个月时，“咿咿呀呀”的声音能持续好长时间。有一次我们一家三口在吃饭，当我用筷子夹菜时，朵朵睁着大眼睛盯着我的筷子，当我夹起菜后，只见她眼睛还是直直地盯着，小嘴巴微张，露出吃饭的样子，还不停地用小手抓我的手。当我把菜放到自己嘴里时，她会很失望；当我再去夹菜时，朵朵又会流露出刚才那样的表情。也许是等得太久还不见把饭喂到她的小嘴里，她着急了，便开始大声地“咿咿呀呀”地叫起来。趁这个机会她爸爸马上将这段声音录了下来……然后再将专门为她准备的婴儿餐喂到她的小嘴里。

每次给朵朵反复播放录下来的声音时，她都是先认真地听一遍，然后高兴地继续叫，我也会在旁边鼓励她。这时她像一匹小马驹在亮嗓子一样，会发出又高又尖的叫声。趁着她的这股高兴劲儿，我会把此时的声音再录下来，播放给她，以便鼓励她多发音。

在学会叫爸爸妈妈之前，宝宝就已经会“咿咿呀呀”地发音了。当有东西掉在地上时，宝宝会跟着说“咚、咚”；听到树上小鸟的叫声，他也会跟着“叽叽喳喳”地叫个不停。所以，在朵朵开始学说话但还不会叫“爸爸”“妈妈”的时候，我经常会给她一些经得起多次摔打的塑料制品和木制品让她摔，时间长了，她竟然知道每样东西摔在地上所发出的声音是不一样的，而且还会对不同的声音进行模仿。

除了把宝宝的声音录下来让他听之外，在日常生活中还有很多声音，如水龙头放水的声音、风吹动树叶的声音、小狗和小猫的叫声、硬币掉在地上的声音……爸爸妈妈都可以录下来给宝宝播放，并让他模仿。

不知爸爸妈妈有没有发现，宝宝在高兴时，就会不停地发出“咿咿呀呀”的学语声。经研究发现，在其他条件等同的情况下，愉快的孩子比不愉快的孩子学说话要快些、好些。所以，要使宝宝经常保持愉快的情绪也是学习语言的关键因素。

朵朵 6 个月后，我们说话聊天的时候她总是看着大家的嘴巴，自己的小嘴也在不停地动，似乎很想模仿我们发出声音。于是我们经常当着朵朵的面说一些容易模仿的词语，如“爸爸”“妈妈”“狗狗”“帽帽”等。久而久之朵朵也就能模仿了，只不过发音不是很准确。我赶紧把这个声音录下来……

宝宝发出的咿呀学语声，在爸爸妈妈听起来是这个世界上最动听的声音了，赶快拿起手中的录音笔录下这美妙、动听的声音吧！把这些资料保留下来，作为宝宝学说话的记录见证，即使以后再听也会很有趣的。

妈妈有话说

一般宝宝到2个月的时候，就会有咿呀学语的情况，这是很正常的。此时，如果妈妈及时地回应宝宝，宝宝会很开心地和你互动。因此从宝宝开始喜欢发出“咿咿呀呀”的声音时，妈妈就要开始和宝宝对话了。虽然你和宝宝都不知道对方说的是什么，但这种练习可以促使宝宝更早开始说话，也有利于培养宝宝的语言表达能力。

专家方案

宝宝发出“咿咿呀呀”的学语声，是宝宝为日后的语言发展进行的重要的前期准备。此时妈妈要多和宝宝说话，引导宝宝发声。

一是爸爸妈妈要及时录下宝宝的“咿咿呀呀”学语声让宝宝听，引导宝宝发出更为持久的“咿咿呀呀”声。

二是爸爸妈妈要积极回应宝宝发出的“咿咿呀呀”声，让宝宝感觉到自己的话被人重视。

三是爸爸妈妈在生活中，要有意识地引导宝宝发声。

四是爸爸妈妈要让宝宝多听一听自然界的各种声音，如风声、雨声、鸟叫声……

为宝宝制作一本小书

书是宝宝成长路上的最佳伙伴。从严格意义上讲，从宝宝 3 个月时起，就可以以书为伴了。那么，究竟如何给宝宝选书大概是很多家长面临的一个难题。

朵朵 3 个月后，我和老公便商量着为她买一本小书，便于闲暇时给她翻着看。仅仅是出于这么简单的目的，我跟老公却商量了很久也没达成一致意见。在教育孩子的问题上，我向来是个比较细致的人。为孩子选书在我看来是一件非常重要的事，为此我去了很多书店，但始终没有挑到令我满意的图书。一天在网上浏览时，无意间发现自制图书这个创意名词，我顿时兴奋起来，决定为朵朵自制一本图书。有了这种想法以后，我便立刻付出了行动。在内容的选择上，我经过一番研究思考，觉得使用宝宝熟悉的内容是最好不过了。于是我将朵朵的照片、我和她爸爸的照片、爷爷奶奶的照片、形形色色的小动物、各种各样的几何图形等做成图片，塑封好钉在一起，制成了属于朵朵的第一本小书。

宝宝最感兴趣的往往是跟自己相关的事物，给宝宝一本用自己的照片、最亲密家人的照片和最感兴趣的事物做成的书，更贴近宝宝的生活，也更能提高宝宝的兴致。当然，在制作图书时除了要选择宝宝熟悉的内容外，这些内容还要浅显易懂，图画与色彩要清晰明亮，这样才更有利于宝宝铭记和辨别。

亲自动手为朵朵做好书后，我便迫不及待地想和她一起分享。看书时，朵朵还不能自己坐起来，我就把她抱在怀里，抓住她的小手一页一页地给她翻看。每翻一页我会温柔地、声情并茂地跟她说书里的内容。如看到朵朵满月照的照片时，我跟她说：“朵朵出生已经一个月啦，爸爸妈妈、奶奶爷爷都特别高兴，决定为朵朵办个小聚会庆祝一下，这就是朵朵满月那天爸爸给拍的照片。你瞧，朵朵笑得多开心啊！”看到书中她喜欢的动物，如翻到小狗狗这一页时，我会进行语言引导：“这是朵朵最喜欢的小狗狗。”再给她讲一个关于小狗狗的故事。小家伙似乎能听懂了，大眼睛忽闪忽闪地看着我的嘴，表情非常投入，似乎对我所说的内容格外感兴趣。

随着朵朵一天天地长大，以前做的那本书已不能满足于她的学习需求了，于是我又收集了各种各样她熟悉的事物做成另一本书。这本书与上一本书的不同之处在于，这次在每幅图片的下面加上了相关的文字说明。比如在一张朵朵在玩的照片上，我会在旁边附上“朵朵在公园里玩”的文字说明，而且把“玩”字放大，很醒目，为她以后认字打下基础。

为宝宝自制图书，不仅有助于宝宝的学习，同时也可记录宝宝成长中的点点滴滴，所以建议爸爸妈妈在宝宝成长的不同阶段为宝宝制作不同内容的书，以跟上宝宝成长的步伐。比如，每次带宝宝出去玩都会拍照，回家后要将这些照片编成一本“书”，和宝宝一起经常翻看，这会让宝宝感到亲切有趣。

由于经常给朵朵亲手做书的缘故，时间长了，朵朵竟学会了自己选择书中的内容了，有她自己挑的照片、自己喜欢的东西、自己画的画，而且还学会了自己在旁边配“图注”了，我则成了她的帮手。每次望着女儿为制作自己的小书忙得不亦乐乎时，我的心里就暖暖的。一个会自己“编书”的宝宝，妈妈还用担心她不爱读书学习吗？

妈妈有话说

宝宝出生后就开始学习了，宝宝读书是认识这个世界、了解这个世界的途径之一。爸爸妈妈不用刻意追求宝宝读书的目的性，只要为宝宝提供合适的条件，书就会自然而然成为宝宝生活中的一部分了。

专家方案

很多爸爸妈妈会有这样的疑问，那就是宝宝的第一本书应该从什么时候开始读呢？很多研究表明，早期阅读开始得越早越好，3 岁以前，宝宝的大脑发育能达到成人的 80%以上，阅读可以促进大脑发育，也有助于培养宝宝的阅读习惯。

一是爸爸妈妈要为宝宝自制一本具有熟悉内容的书，可以包括宝宝熟悉的动物照片等。

二是爸爸妈妈要根据宝宝不同年龄段的需求，不断更新书的内容。

三是爸爸妈妈要鼓励宝宝自己编一本喜欢的书，激发其学习的兴趣。

丁零零，宝宝快来接电话

朵朵六七个月会坐的时候，她爸爸就把家中淘汰下来的一部旧电话给她当了玩具。朵朵经常把话筒放耳朵边上，咿咿呀呀地说，但是我们都听不明白她说的是什么。

朵朵15个月的时候，有一天只有我和她两个人在家。家里的电话突然丁零零响了，我在卫生间里，朵朵坐在沙发上，我对朵朵说："朵朵，把电话的话筒拿起来，问问是谁。"朵朵抓起话筒，先"喂"了一声，然后问："谁啊?"还没有等到对方回答，朵朵又把话筒放到电话上，对我喊："妈妈，电话呀——"

我赶紧从卫生间出来，翻看通话记录，原来是朵朵爸爸打过来的。电话又响了起来，我抓起电话一听，又是朵朵爸爸。只听他激动地说："刚才是朵朵接的电话，快，快，快，让她再跟我说两句。"我把朵朵搂在怀里，说："爸爸又打电话来了，朵朵跟爸爸说话啊。"朵朵看了看我，冲着话筒说："爸爸，爸爸。"我告诉她可以跟爸爸说"你快回来和宝宝一起玩儿"。朵朵就冲着话筒说："爸爸，宝宝，玩。"朵朵就这样一个字一个字地和爸爸在电话里聊天，爸爸高兴得直喊："朵朵太可爱了!"

我也见过别的宝宝接电话，真可谓是萌态百出。有的宝宝在电话铃响起之后，迅速跑过去大声问"喂！谁啊"或者"喂！找谁"；有的宝宝对着电话大声地喊"妈妈，电话"或者"爸爸，电话"；有的宝宝抓起电话，发现电话的另一边不是自己熟悉的人后，不知道该说些什么，就直接将电话挂掉；

还有的宝宝拿起电话自顾自地说着自己想说的话，完全不理电话另一端的人在说些什么……

现在，电话已经是人们相互联络的重要工具，很多宝宝很小就会接电话，但是怎么说话、说些什么、怎么才是有礼貌的说话，很多宝宝并不知道。爸爸妈妈不仅要教宝宝通过电话和别人说话。更要教宝宝有礼貌地和别人说话，做个人见人夸、能说会说的文明娃。

“提起听筒说你好，自己名字先要报；询问对方是哪位，再问对方是找谁。”这是一位妈妈给自己家宝宝编的小儿歌，她的目的就是为了告诉宝宝接听电话时的基本要诀：不管接还是打，拿起电话首先要说“你好”，然后告诉别人“我是宝宝”，再问“请问你找谁”。

不论宝宝是刚刚会牙牙学语，还是已经会说一个或多个短句了，爸爸妈妈都可以让他们学着接电话，因为这是一次让宝宝开口说话的好机会。

当电话铃声响起时，要鼓励宝宝迅速走过去拿起听筒。爸爸妈妈要让宝宝知道，让电话响的时间过长是一种不礼貌的行为。接起电话先说：“喂，您好！”如果听出来对方是熟悉的人，那就向他问好，如“叔叔，您好”。

爸爸妈妈还要告诉宝宝，如果不知道对方是谁时，对方也没有说自己是谁，那宝宝就可以问：“请问您是哪位？”等对方说明自己是谁之后，宝宝再向他问好。朵朵一般会问对方：“你是谁呀？”把最后一个字拖得长长的。上次我同事告诉我：“你闺女的声音真好听，说话跟唱歌一样。”我笑着说：“她还小，闹着玩的。”如果对方没有说自己要找的人是谁时，那宝宝可以问他“请问您找哪位？”这时候宝宝接电话的任务已经基本完成，可以让爸爸妈妈或是其他人来接电话了。

宝宝接电话的时候一定要注意，不要手拿话筒大声喊叫。这样宝宝的声音会传到对方耳朵里，使对方感到不舒服。如果对方找的是宝宝，那宝宝就要认真听电话，不能走神，不能吃东西，并及时回答对方的问话。

自从朵朵接了一次爸爸的电话后，朵朵爸爸就开通了亲情号码服务。我和他的手机之间打电话是免费的，这样一来，每天晚上我们家都要通一次电话。一个月下来，我们发现朵朵不仅把“您好”“您是谁呀”“您找谁呀”说得很好，还学会了一些基本的接听电话的礼仪。

妈妈有话说

宝宝在学说话的时候，妈妈要更多地和宝宝进行交流，鼓励他多说话，学会表达自己的要求和情感。通过接听电话可以充分调动宝宝对说话的兴趣，提高语言模仿力，从而更好地促进宝宝的语言发展。

专家方案

通过宝宝打电话和接电话不仅可以锻炼宝宝的语言能力，学会一些礼貌用语，帮助宝宝丰富词汇，而且也可以让宝宝了解到一种与人交流的方式。宝宝用打电话的方式与爸爸妈妈交流，还可以增加一些神秘感。那么，在教宝宝接听电话时，爸爸妈妈应该怎么做呢？

一是爸爸妈妈不仅要教宝宝通过电话和别人说话，还要教宝宝接电话时要注意礼貌用语，养成宝宝良好的说话习惯，比如说“你好”“再见”等。

二是爸爸妈妈要鼓励宝宝接电话，为他提供更多说话的机会。

三是爸爸妈妈要教宝宝一些接电话的“规矩”，如接电话要认真听对方说话，宝宝说话声音不能太大等。

四是爸爸妈妈要告诉宝宝打完电话后将电话放到原来的位置，养成良好的生活习惯。

鼓励宝宝大声说出来

一般情况下，宝宝在五六个月后就能发出一些简单的音节了；到了八九个月时已经能听懂爸爸妈妈所说的简单短句了；到了13个月的时候，宝宝能够说出一些简单的短语。宝宝到了一岁半的时候，已经能说出一些短句，偶尔也会说出一些令人费解的长句。爸爸妈妈要想尽早地让宝宝学会说话，表达自己的愿望，就要给宝宝创造更多说话的机会。妈妈不仅要随时和宝宝交谈，多和宝宝聊天，而且也要鼓励宝宝大声说出来。

在生活中，我很注意培养朵朵的语言表达能力。朵朵从学会叫“爸爸”“妈妈”的那一天起，我就用丰富的表情教朵朵说话，让她看着我说话的口型，以便加深朵朵对语言、语调的感受能力。渐渐地朵朵就能区别一些复杂的音调，模仿起我说话来了。

记得朵朵14个月的时候，想要喝水，就指着放在桌子上的水杯，咿咿呀呀地乱叫起来。我并没有像以前那样迅速地把水杯拿来满足朵朵的要求，而是用夸张一点的口型温和地对朵朵说：“朵朵是不是渴了？渴了就要喝水，要用水杯喝水！”然后我鼓励朵朵说“喝水”。朵朵睁大眼睛盯着我的嘴看，我继续重复说“喝水”。朵朵看着我的嘴型后，小嘴张开后又合上了，我继续对着朵朵说“喝水”。朵朵这次似乎是心里有数了，小嘴巴张开跟着我说：“个嘴！”呵呵，虽然朵朵的发音不准确，但是她张开自己的小嘴大胆地说出来了。我轻轻地在她的脸上亲了一下，说："朵朵真聪明。"然后赶紧把水杯拿来递给朵朵说："朵朵要喝水。"朵朵高兴地又跟着说："个嘴。"

有了这一次的经验之后，在平时我经常鼓励朵朵用自己的语言表达自己的需求。比如朵朵指着自己的帽子，想要戴帽子，我就告诉她说："这是朵朵的帽子。"然后把帽子拿过来一边给她戴一边说："朵朵要戴帽子。"然后反复地教她说："帽子。"只要妈妈在一旁多鼓励宝宝，宝宝就一定会大胆地说出来。

在宝宝学习发音时，爸爸妈妈千万不要急于求成，不能说一两遍就让宝宝跟着说出来，不能宝宝不说就失去耐心不再教了，而是要一个字、一个字地慢慢教，要有耐心。当宝宝努力发音时，爸爸妈妈要将高兴的神情表现出来并传递给宝宝，鼓励他继续发音，这样能提高宝宝学习发音的兴趣。

另外，在宝宝用表情或者手势向爸爸妈妈提出要求时，先不要过于积极地去回应，可以适当地拒绝他，延迟对他要求的满足，这样会促使宝宝不得不用语言把自己的愿望说出来。

记得有一次朵朵突然指着桌子看着我，我看了一眼桌子，并没有作出反应。这时朵朵开始着急了，一边指着桌子一边大声地"哇哇"叫起来。我看了看桌子仍然没有满足她，朵朵见我没有动静，更急了，指着桌子那个方向"咿咿呀呀"地不知道说了些什么。我觉得机会来了，于是走到桌子旁拿起一个小狗玩具，朵朵见状，又大声说："几努。"我一听，一下子明白了：哦，原来说的是积木。我把积木拿起来，朵朵显得很兴奋，我一边递给朵朵积木一边引导说："积木。"朵朵大声说："几努。"

在宝宝刚学说话时，发音不准确是很常见的问题之一。如果此时宝宝发音不准，先猜猜他发出来的声音是什么意思，然后用正确的语言向他作示范，帮助他讲清楚，绝对不能嘲笑他，或者学宝宝的发音，那样他会不愿意或不敢说话了。

日常生活中，妈妈要多用心鼓励宝宝用语言大声地表达自己的需求。比如宝宝要吃水果，妈妈可以将好几种水果摆放在桌子上，然后问宝宝："宝宝想吃水果，想吃什么水果?"鼓励宝宝说出自己想吃水果的名称，但需要注意的是千万不要用"这个""那个"来表达；平时带宝宝去公园玩耍，可以先问宝宝今天想去玩滑梯还是玩秋千，鼓励宝宝说出自己想玩的项目，有意识地培养宝宝的语言表达能力。

宝宝说话越多就会表达得越好，所以，爸爸妈妈在平时要利用一切机会为宝宝提供学习说话的环境。启发宝宝说出自己的意愿是非常关键的，这对以后宝宝的口语水平、语言习惯以及词汇的运用都至关重要。

妈妈有话说

我经常听到一些妈妈这样说："你家孩子真棒，刚 14 个月就会背好几首唐诗了，我们这个都一岁半了，才会说一个单字，简直急死人了。"其实，这样的实例数不胜数，孩子说话的早晚虽然与遗传因素有一定的关系，但后天的引导、教育和训练却起着至关重要的作用。所以，对于这样的家长，我只能建议他们多多给孩子提供说话的机会、给孩子创造说话的环境、鼓励孩子多说话。

专家方案

模仿说话要经过一个复杂的过程，发音要调动听觉、视觉、口腔等的协调，任何一个环节发展不好，都会给发音带来困难。因此学习语言是促进宝宝智力综合发育的关键因素。

一是爸爸妈妈要让宝宝沉浸在愉快的气氛中，并引导宝宝表达自己的需求。

二是当宝宝发音有错误时，爸爸妈妈不要急于纠正，要耐心地重复，让宝宝进行模仿。

三是爸爸妈妈在日常生活中，教宝宝说话要多用名词，少用代词，这样可以增加宝宝的词汇量。

儿童诗是宝宝最好的朋友

朵朵八九个月大时，家里每个星期都会举行一次诗歌朗诵会。每当这时，小家伙就张着双手，高兴地咿咿呀呀叫个不停，好像自己也参与进来一样。我也会随机为女儿读一首儿童诗，虽然那时她并不能听懂，也不能说，但时间一长，在女儿的大脑里就会起到潜移默化的作用。所以，我觉得给女儿创造一个良好的语言环境，做女儿学习语言最好的家庭老师是至关重要的。

随着朵朵一天一天长大，在每周的朗诵会上，她也不满足于仅仅当一个听众了，她要把妈妈教给她的儿童诗、儿歌在会上展现出来。于是我调整了活动的内容，家里三个人每人轮流朗诵自己准备好的诗歌，谁朗诵得最棒谁就会受到表扬。为了让朵朵感受到自己被重视，在每次朗诵会上，她都是第一个朗诵。记得朵朵的第一个参加朗诵的作品是《弟弟学穿衣》这首儿童诗。当女儿口齿不清地朗诵着："小弟弟（七七），学穿衣，一头钻进山洞里，黑咕隆咚看不见，哈，他把裤子（谷子）当毛衣（细）！"说完整首诗后，虽然上句接不上下句，内容也并不完整，而且错误也很多，如把"弟弟"读成"七七""裤子"读成"谷子""毛衣"读成"毛细"，但我和她爸爸看了女儿的表现，听了女儿朗诵的诗歌还是非常激动，因为女儿在语言发展方面又迈了一大步。朗诵结束后，我们装作很吃惊、很震撼的样子，马上表扬了她："哇，朵朵太棒了，竟然能和爸爸妈妈一起朗诵诗歌了！"听到我的表扬，朵朵很是得意，迫不及待地要求我们继续进行。

有了第一次朗诵的经验，女儿参与的积极性更高了！每当有空的时候，就提议开诗歌朗诵会。于是朗诵会由一周举行一次改成了一周举行两次。在不断的锻炼中，女儿的语言表达能力越来越好了，只要是我教过的儿童诗，几乎没有她不会的。

宝宝在刚学儿童诗的时候，因为刚学会说话不久，虽然这个时候基本上能用语言表达自己的意愿，但是发音不准、语法错误、上句接不上下句的情况肯定会存在，甚至很严重。这个时候，妈妈就要进行积极引导，可以和宝宝玩“我说一句，你接一句”的游戏，让宝宝根据听到的上半句话接下半句话，当然前提是用宝宝已经学过的儿童诗。这种方法对提高宝宝学习语言的积极性非常有效，同时还可以促进宝宝的反应能力和联想能力。

我每教朵朵一首诗歌或童谣，都会反复教好多遍，然后再让她拿到诗歌朗诵会上表演。反复读虽然会对宝宝起到潜移默化的作用，但是我觉得这样的效果并不是最好的。所以，每隔几天不论是新学的诗还是朵朵已经学会的诗，我都会对她说：“今天我们来念一首诗，我说前面一句，你能不能赶紧接下面一句呢？”比如，我前几天教女儿一首《咏鹅》，过了三天后，我们开始玩这个游戏，我说：“鹅，鹅，鹅，曲项向天歌。”朵朵马上接着说：“白毛浮绿水，红掌拨清波。”当然有时候，朵朵并不能马上接上来，我就会提示她一个字或词。用这样的方法既可以增加宝宝学习诗歌的兴趣，又可以让他复习以前学过的知识，加深印象，这就是温故而知新！朵朵所学的每一首诗歌和童谣，基本上都是通过这种方法让她熟背如流的。

由于儿童诗中包含了大量的生活元素，可丰富宝宝的认知、拓展宝宝的视野，而且儿童诗具有诗行短小、整齐押韵、节拍分明等特点，读起来朗朗上口，宜咏宜唱，符合宝宝的认知发展规律，所以只要教宝宝几次，他就能记牢了。宝宝在儿童诗中获取知识是他所能够接受，且易于接受的。我教朵朵读的儿童诗，大多都选用这样的儿童诗，如数数歌、节令歌、拍手歌、摇船歌以及绕口令等。

此外，读儿童诗还有利于宝宝积累大量的词汇。在日常生活中，由于宝宝接触的事物毕竟是有限的，许多词汇根本无法学到，但儿童诗的题材无限广阔，包含生活片段、科学知识、动物世界、植物花卉等内容。让宝宝在学习的过程中学到很多不能亲身接触、感受的场景；让宝宝在潜意识中不知不觉记住这些词汇，如朵朵学的从一到十的数数就是从儿童诗《手指歌》中学到的。

一天，有位友人来家里做客。她让朵朵给表演节目——朗诵诗。朵朵很得意，肯定在心里说："这可是我的强项。"果然，女儿从《拍手谣》开始表演起来："放开合拢，放开合拢，放开合拢，放开合拢，小手拍拍拍，小手拍拍拍。这是眼睛，这是身体，这是鼻子，这是手臂，这是嘴巴，这是小手，这是小耳朵，这是两只脚。"朵朵在吟唱的时候，随着歌词作出放手、合手、拍手的动作，同时还要指出眼睛、鼻子、嘴巴等器官来。

妈妈有话说

刚学会说话的宝宝，由于发声器官发育不够完善，听觉分辨能力较弱，有发音错误是一个普遍存在的现象。而儿童诗具有篇幅短小、富于情趣、内容浅显、音韵和谐的特点，很适合处于语言敏感期的宝宝练习说话。所以妈妈在平时应多给宝宝朗读儿童诗或者教宝宝读儿童诗，以促进宝宝口语表达能力的发展。

专家方案

0~3 岁是宝宝口语发展的关键时期，这个时期他们对语言有一种特殊的感受力，对环境中的各种语言刺激都格外敏感。儿童诗以其独特的特点成为宝宝最早接触到的语言类作品，对宝宝的语言发展有很好的帮助。在教宝宝读儿童诗时爸爸妈妈要注意以下几个问题：

一是爸爸妈妈不要过度关注宝宝的发音和语法错误，对宝宝的发音应采取肯定和表扬的态度。

二是爸爸妈妈不要刻意地去纠正宝宝的发音，而是要在日常交流中正确发音以及使用正确的语句与宝宝交流，在潜移默化中影响宝宝的发音。

三是爸爸妈妈在选择儿童诗时，要选择宝宝能理解的儿童诗。

做聪明有礼貌的好宝宝

朵朵在七八个月时，每次他爸爸去上班出发前，都要对朵朵挥挥手说：“朵朵，再见，爸爸要上班去啦。”这时，我就会举起朵朵的小手一边挥动，一边嘴里轻柔地说：“爸爸再见。”让朵朵明白，向别人挥手这个动作是表示“再见”的意思，而且是别人要走的时候才能这样挥手。经过一段时间的训练，朵朵很快就学会了这一礼貌动作。刚开始是爸爸主动向她挥手说“再见”，到后来她一看见爸爸穿衣服、拿起背包就会举起自己的小手向爸爸摆一摆。

“再见”这个礼貌用语是朵朵人生中学会的第一个礼貌用语。在学习的过程中朵朵的语言和动作之间的配合很协调。从刚开始只会挥手，再到挥手后说“再见”，最后到边挥手边说“再见”，整个过程似乎都历历在目。而且自从朵朵学会第一个礼貌用语之后，在以后学习其他礼貌用语时，进步特别快，基本教几次就能马上运用了。这些礼貌用语的学习为日后宝宝与人交流做了很好的铺垫。

在平时，家里人如果递给朵朵玩具或者食物时，我就会在一旁点头或者鞠个躬说声“谢谢”。这样的动作只是想让朵朵知道得到别人的帮助或者接受别人给的东西时要对他说声“谢谢”。记得朵朵一岁两三个月时，有一次，她奶奶和爷爷过来看朵朵了，来的时候给朵朵买了一大堆好玩的和好吃的东西。

当奶奶把玩具和好吃的东西递给朵朵时，朵朵下意识地向奶奶点点头。我知道朵朵这是想表示“谢谢奶奶”的意思，我赶紧在一旁对朵朵说：“谢谢奶奶。”朵朵模仿着我说：“谢谢。”虽然朵朵表达得不是很清楚，但是她奶奶听后，笑得嘴都合不拢，连连说：“我的孙女真听话。”

爸爸妈妈在教宝宝做动作说礼貌用语时，要遵循教会一种再教另外一种的规律，因为由于宝宝太小，认知能力、动作协调能力、语言表达能力都比较有限，他们学习一种礼貌用语及动作是需要一定的时间才能巩固的。而且他们学会之后还要经常练习，才会记忆更加深刻，否则就会学一种忘一种，达不到训练的效果。

通常情况下，宝宝在一岁以后，对家里常见的人能基本认识了，从这个时候开始，父母可以在生活中逐渐地多教宝宝一些常用的礼貌用语，如“你好”“谢谢”“对不起”等，并且用语要由简单到复杂。

例如，我不小心把朵朵的玩具弄掉了，我会跟她说“对不起”。我无意间碰了她一下，也会说“对不起”。这样的行为，都会潜移默化地影响着她。记得有一天，我带朵朵到邻居家玩，邻居家的淘淘只比朵朵小1个月。我和淘淘妈妈聊着天，两个小姑娘在一边玩耍，朵朵不小心碰了淘淘一下，淘淘一屁股坐到了地上，哇哇大哭起来。朵朵立刻放下手里的玩具，走到淘淘面前，对淘淘说：“对不起，别哭了。”见状，我心里别提有多高兴了，朵朵竟然能理解“对不起”这三个字的含义，而且能将它运用到合适的场合中，这说明我们平时以身作则的行为起到了非常好的作用。

我用自己的坦诚道歉，让朵朵知道做错事情要向别人道歉，说声“对不起”，以得到别人的原谅，从而弥补自己的过失。这样的做法可以为年幼的宝宝树立一个好榜样，起到真正的教育效果。

爸爸妈妈可以多带宝宝到户外活动，多见见人。每次带朵朵下楼，就会遇见几个邻居。如果碰到的是年轻人，我就会对朵朵说：“朵朵叫阿姨（叔叔）。”如果遇到的是老人，就对朵朵说：“朵朵叫爷爷（奶奶）。”再次碰到后，我会对朵朵说：“朵朵，说阿姨（叔叔、爷爷、奶奶）好！”就这样，经过几次提醒、引导，朵朵再稍微长大一点后，这样的礼貌用语基本都不用我教了，每次一看见熟悉的邻居朵朵就会主动说：“叔叔好（奶奶好）！”

生活中我们经常会和很多人打交道，这个过程是教宝宝学习礼貌用语的最佳时机，爸爸妈妈要注意利用。比如家里来了客人，让宝宝对客人说：“阿姨，你好！”当客人要离开了，让宝宝挥手说：“阿姨，再见。”当宝宝得到别人的帮助时，让她说：“谢谢阿姨！”即使宝宝还不会说话或者刚学会说话，爸爸妈妈也要不厌其烦地替宝宝说这些礼貌用语，让宝宝在潜移默化的熏陶下，在潜意识中对这些词语有个印象和记忆。

除此之外，利用讲故事或者看电视的亲子时间，教宝宝说礼貌用语也非常好。比如在讲故事时，小熊摔倒了，小鹿把他扶起来，小熊对小鹿说：“谢谢你。”小鹿说：“不用谢。”在看电视时，妈妈把宝宝的脏衣服洗干净了，宝宝抱着妈妈在妈妈的脸上亲一下说：“谢谢妈妈。”只要爸爸妈妈善于发现，善于利用一切可以教宝宝的机会，相信宝宝学会这些礼貌用语是很轻松的。

妈妈有话说

从小教孩子说礼貌用语不但能增进亲子关系，还能促进孩子各方面健康发展。有心的家长可以在宝宝牙牙学语时就开始教他一些简单的礼貌用语，比如“谢谢”“对不起”“请”“再见”“您好”等。

专家方案

宝宝从 1 岁左右开始，妈妈就可以在日常生活中教宝宝一些常用的礼貌用语了，这样不仅可以培养宝宝的语言表达能力，而且还可以从小培养宝宝懂礼貌的好习惯。在教宝宝学礼貌用语时，爸爸妈妈应该怎样做呢？

一是爸爸妈妈要以身作则，用自己的行动影响宝宝。比如在家庭生活和对话中，家长要经常运用这些词语并配以相应的动作，这些小小的动作和简单的语言，会影响到宝宝，使宝宝受到良好的熏陶。

二是爸爸妈妈要学会利用生活中人与人交往的实际场景教育宝宝。人与人交往总少不了运用各种各样的礼貌用语，这些实际场景是宝宝学习礼貌用语的最佳时机，爸爸妈妈一定要把握好。

三是爸爸妈妈要利用亲子时间锻炼宝宝。比如给宝宝讲故事、做游戏时，可以充分运用内容情节，帮助宝宝学习掌握礼貌用语。

宝宝提问，积极回应

朵朵两岁以后，学会了用“这是什么”来提问题，从早晨睁开眼睛的那一刻起就开始不停地问，几乎家里的每一件东西她都问过了，而且不止一遍，经常重复着问许多遍，比如看见床头柜上的台灯会问“这是什么”看见天花板上的吊灯会问“这是什么”……面对宝宝的提问，我总是积极回应，耐心回答，循循善诱，启发她的思维，在快乐的一问一答中享受美好的亲子时光。

1~3岁是宝宝语言发展最快，也是最为关键的阶段。宝宝在这个时期语言发展的速度是非常惊人的，只要家长能抓住宝宝语言发育的这一关键期，耐心、认真地加以引导，宝宝就能说出许多让你大吃一惊的话，而且能把物体之间的关系说出来。比如当朵朵指着台灯问：“这是什么?”我会认真地回答说：“这是台灯。”女儿指着床头柜问：“这是什么?”我回答说：“这是柜子。”慢慢地女儿就会思考它们之间的联系，渐渐地就会说出“台灯在柜子上”之类的句子了。

有些父母由于平时很忙，认为孩子的提问是一件啰唆和让人不耐烦的事情，要不应付了之，要不干脆用别的话语搪塞过去，更甚者还会对孩子的提问不理不睬……其实这些做法都是错误的。如果父母敷衍孩子的提问，就会打击孩子提问题的积极性，久而久之孩子对提问这件事就失去了兴趣，最后就没有问题可提了。所以，家长对于宝宝的提问，一定要引起重视，并给予及时、积极的回应，不要把提问看成是一件啰唆或不耐烦的事情。不仅如此，家长还要引导孩子多提问，尽可能多地给孩子创造提问的空间及环境。

为了拓展朵朵的视野、扩大她的认知范围以及锻炼她思维的灵活性，公园、马路、广场、动物园、海洋馆、植物园……都成了我为女儿创造“问题”的最佳场地。朵朵没有令我失望，她每到一处都会有十万个“这是什么”等着我来回答，而我也沉浸在回答朵朵这些问题的幸福之中。

朵朵将近3岁的时候，开始会问一些关于“为什么”“什么时候”为主的问题了。由于给朵朵讲故事已成了一种习惯，有一天晚上睡觉前我讲了一个《狐狸和小鸡》的故事。故事讲到一半的时候，朵朵若有所思地问我：“狐狸为什么跟着小鸡?”我觉得这个问题可以直接回答，于是说：“因为狐狸要吃小鸡，跟在后面是为了捉住小鸡。”接着我继续绘声绘色地讲故事，讲着讲着，朵朵又开始发问了：“小鸡为什么没有发现狐狸?”对于朵朵的这个问题，我并没有急于回答，而是让朵朵观察狐狸走路的姿势。在我的引导下，女儿恍然大悟，高兴地说：“狐狸走路没有声音!”

宝宝这些问不完的问题，在大人眼里看似毫无意义，但这却是宝宝积极思维的体现，是他们对未知领域的不断探索。所以，父母如何回答宝宝的提问，实际上也是一门学问。我认为对于那些能直接回应和回答的问题，可以直接回答，而有些问题父母可以引导孩子进一步观察，使他较全面地认识和了解事物，让他发现问题，增强他思维的灵活性，引导他学习的兴趣。

宝宝在3岁以后，大约会运用五百多个单词，如果将这些单词组合起来，将是些很美好的语句。而这一目标的实现，要靠家长多和宝宝进行语言交流。只有这样，宝宝的语言组织能力才能得到强化。

在日常生活中，除了宝宝向爸爸妈妈提出的一些问题之外，爸爸妈妈也可以适当向宝宝提问。一次我带着朵朵去海洋馆玩，我对她说：“这条鱼会游泳，我觉得会游泳的都是鱼，你觉得是不是?”朵朵马上说：“爸爸会游泳，却不是鱼。”经过我这么一问，使朵朵的思考不仅仅停留在“这是什么鱼”这个问题上，还引导到了“会游泳的不一定都是鱼”这个问题上，让她在认识事物的过程中能力有了进一步的提高，渐渐地学会思考，提高提问的水平。所以说，父母一定要充分利用日常生活中的资源，让孩子尽可能多地发现问题并提问，激发孩子思考的潜能。

两三岁的宝宝在内心深处非常渴望和爸爸妈妈交流，对此，父母面对孩子的提问，一定要给予积极地回应，为宝宝将来语言发展打下坚实的基础。

妈妈有话说

宝宝学会说话后，对任何事物都感到新鲜、好奇，总想对周围的事物刨根问底。对于宝宝这种可贵的求知欲望，爸爸妈妈应该非常珍惜，不能采取不关心、不负责的态度，而是无论宝宝问什么，即使大人再忙，都要放下手中的活，积极地回答宝宝的问题。

专家方案

宝宝在认识这个陌生世界的过程当中，会遇到各种各样的疑问。如果这些疑问得到爸爸妈妈很好的解答，宝宝对这个世界也会逐渐了解和熟悉。而且宝宝喜欢问问题也是好奇心在作祟，是他强烈求知欲的表现。所以，爸爸妈妈应该及时回答宝宝的提问，维护宝宝的积极性和求知欲。

一是爸爸妈妈面对宝宝的提问，要积极回应、耐心回答。

二是爸爸妈妈要多带宝宝到各种地方玩，启发他问更多的问题。如公园、马路、广场、动物园、海洋馆、植物园……

三是爸爸妈妈要巧妙回答宝宝的提问，进一步引导宝宝观察事物的兴趣。

宝宝，妈妈讲错了吗

每晚睡觉前，给朵朵讲故事成了我们家例行的公事。

有一段时间，我每天都会给朵朵讲一遍《小红帽》的故事。讲了几次后，我觉得她对故事的情节和内容都熟悉了、记住了。于是再讲时，我故意将《小红帽》里的一些地方讲错，那么朵朵会有什么反应呢？这是我和朵朵的对话：

我说："从前有一个小姑娘，叫小黄帽……"

朵朵说："不对，是小红帽！"

我说："哦，是小红帽。她妈妈对她说：你听话，小绿帽……"

朵朵说："不对，是小红帽。"

我说："哦，对了，小红帽，你去迪奥米拉婶婶家，把这些土豆送给婶婶。"

朵朵说："不对，是去姥姥家，送给她蛋糕。"

我说："好吧，到了树林里，碰见一只长颈鹿。"

朵朵说："错了，是一只狼。"

我说："哦，是狼。狼问她：六乘以八等于几？"

朵朵说："不对，狼问她：你去哪儿啊？"

我说："对了。小黑帽回答说……"

朵朵说："是小红帽，小红帽！"

我高兴地说："对、对、对。她说：'我去市场上买番茄酱。'"

朵朵说："不对。她说：'我去姥姥那儿，她病了，可是我找不到路了。'"

我说："对了，马说……"

朵朵又着急地说："什么马呀，是狼说！"

……

故事讲完后，朵朵好奇地睁大眼睛看着我，问："妈妈，你今天把故事讲错好多呢。"我露出很无辜的表情说："妈妈今天糊涂了，把故事里的内容搞错了。"然后用赞许的表情说："不过，幸亏朵朵发现了错误，都改正过来了，你真是太棒了！"说完向女儿竖起大拇指，以表示鼓励。

家长如果长时间给宝宝重复同一个故事，他很快就会在大脑里将故事情节牢牢记住。其实这往往是一种机械的记忆模式，是一种无意识记忆。如果某一天妈妈再给他讲这个故事时，故意将其中的某个环节念错或者篡改，也许刚开始宝宝对妈妈的这种错误行为并没有什么反应，但经过几次训练之后，你会发现只要在某个地方出现错误，宝宝马上会用眼睛盯着你看，示意你"念错了"，也可能有的宝宝发现你念错后会直接告诉你"不对，是……"

当宝宝发现错误后，如果能指出错误并纠正，妈妈要及时地给宝宝一个拥抱或者轻吻，以表示奖励，这样宝宝学习和表达的积极性能被充分调动起来。如果宝宝只是发现了错误，并不能指出"错在什么地方"，或者根本发现不了错误，这时妈妈要适当地提示和引导。如妈妈说："一天，狮子和狐狸在森林里散步。"当宝宝发现错误之后，妈妈可以问："妈妈忘记了，那应该是谁和狐狸在一起散步？"然后在不断的提示和鼓励下让宝宝回答："老虎。"让宝宝将妈妈的"错误"纠正过来，这样能更好地提高宝宝的记忆能力和语言表达能力。

朵朵两岁半后，她爸爸在网上找了很多成语故事的动画片并把它们下载下来放到电视上给朵朵看，朵朵非常喜欢。但这却给我和她爸爸带来了小麻烦。朵朵每看过一个成语故事动画片后，就跟在我的屁股后面让我给重新讲一遍，只要我讲得稍微和动画片里的不一样，朵朵就会马上指出其中的错误来，并大叫："妈妈你这里讲错了，应该是这样的……"

女儿在不断找错误、发现错误的过程中，学到更多的知识，记忆力以及语言表达能力也在不断提高。现在每看过一个成语故事动画片之后，她就会给我讲。例如一次她拉着我的手问："妈妈，你想听守株待兔的故事吗？我讲给你听。"而且，每次都会把故事讲得头头是道，几乎和电视上演的没有出入。

其实，3 岁左右的宝宝自我意识不断增强，对学过的知识、听过的故事记忆也比较深刻，时常喜欢用自己学到的东西"指导""评说"大人的所作所为。爸爸妈妈不妨利用这一点，故意把故事讲错，引导孩子来纠正，从而调动孩子讲故事的积极性。

在 0~3 岁这个时期如果把宝宝的语言能力培养好，会让其今后对文字有很强的驾驭能力。而轻松的、重复的、可预测的活动或游戏则是宝宝学习语言和增强记忆的最佳途径。

妈妈有话说

对于宝宝来说，讲故事是促进其语言发展最有效的方法之一，可提高宝宝的感知、思维、想象等方面的能力以及对个性品质的形成有很重要的作用。所以讲故事是宝宝认识世界的门户，是增强宝宝记忆的"良剂"。爸爸妈妈在给宝宝讲故事的过程中，故意说错某一个词语或某一段情节，让宝宝发现其中的错误，不仅可以锻炼宝宝认真倾听的能力，而且还有利于巩固宝宝的记忆，从而使宝宝更容易理解和接受新的词汇。

专家方案

故事中的情节和人物关系能满足宝宝丰富的想象力和好奇心。大多数宝宝对故事十分感兴趣，他们在故事中学习知识，明白道理。作为家长要把握好时机，在故事中培养婴幼儿多方面的能力。

一是爸爸妈妈要为宝宝选择熟悉的故事，故意将其中情节篡改，以观察宝宝的反应。

二是爸爸妈妈对宝宝发现错误要给予表扬，在宝宝找不到错误的情况下要及时引导。

三是爸爸妈妈可让宝宝从电视上听故事，然后再由家长讲给他听，让宝宝发现有什么不同之处。

让宝宝做爸爸妈妈的“传话筒”

传话是家庭中常见的一种交流方式。宝宝在传话时不仅要记住并理解说话的内容，还要学会在传话的过程中实现人称的相互转换，尽可能清楚地把说话人的意思表达给另一个人。因此，传话对锻炼宝宝的语言能力，提高记忆力是相当有效的，而且通过宝宝这个小小“传话筒”，还能增加宝宝与爸爸妈妈之间的亲子感情。

朵朵快2岁时，已经能说一些完整的话了，还可以将几句完整的话组合在一起。为了让女儿在语言方面有很好的锻炼机会，我决定让朵朵当爸爸妈妈之间的“传话员”。

最初，我是以游戏的方式让朵朵开始传话的。做游戏时，我和朵朵在客厅，老公在卧室，然后让朵朵传话。我悄悄地附在朵朵耳边说：“狮子。”然后让朵朵把我刚才说的话去告诉爸爸，当爸爸收到朵朵传过来的信息后，便大声地说出答案：“席子。”很显然爸爸说出的答案和我的完全不一样。那到底是朵朵传错了还是其他什么原因导致的呢？其实，朵朵并没有传错话，只是她此时发音还不够准确，把“狮子”说成“席子”，导致她爸爸以为是“席子”。

刚开始让宝宝做爸爸妈妈之间的“传话员”时，爸爸妈妈最好说一些词语或者三四个字的短句，且语速要慢，这样使宝宝容易传话成功。等宝宝熟练后，则可适当变化句子的长度，增加句子的难度。当宝宝第一次传话成功后，爸爸妈妈要及时给予鼓励，让宝宝体验到成功的快乐；如果传达错误，爸爸妈妈可以重复一次，让宝宝再传一次。

慢慢地我让朵朵传话由游戏正式进入生活中。一次我和朵朵坐在客厅里看电视，忽然想起一件事情要和老公说，便对身旁的朵朵说："你叫爸爸过来，妈妈有悄悄话对他说。"小家伙"咚咚"地跑到老公身边说："爸爸，妈妈要跟你说悄悄话。"我很愕然，朵朵竟然一字不差把我的意思明明白白地表述清楚。慢慢地我发现，其实让朵朵来回帮着传传话，还真挺锻炼她的语言表达能力的。因此，生活中我会尽量给朵朵提供传话的机会。

在我做饭的时候，发现家里没有盐了，我对女儿说："朵朵，告诉爸爸家里没有盐了，让他去买袋盐回来，好吗？"女儿高兴地跑到正在书房里看书的爸爸身边，我悄悄地跟在后面听着女儿如何做好这个"传话筒"。只听见朵朵说："妈妈让买盐。"她爸爸马上放下手中的书，问："妈妈让谁去买盐？"朵朵想了想说："妈妈让你去买盐。"听到朵朵能把我的意思完整地传达给她爸爸，我非常高兴。其实，类似的事情在我们家里经常发生。记得还有一次，我洗完衣服后，对女儿说："麻烦朵朵，去喊爸爸帮妈妈拧一下衣服。"朵朵对爸爸说："拧衣服。"她爸爸反问说："谁让拧衣服啊！"朵朵说："妈妈。""你妈妈让谁拧衣服？"老公继续问。朵朵大声说："妈妈让你拧衣服。"每次遇到传话这样的事情，朵朵特别乐意，似乎每天像跟屁虫一样站在我身后，就是为了随时当"传话筒"这个角色。如果朵朵将话传正确了，我就赶紧对她大肆表扬一番，最后不忘告诉她："朵朵你真棒！"小家伙高兴得又蹦又跳！

宝宝在传话时，肯定会出现这样或那样的问题，比如话没有记完整、意思表达不清楚、人称之间不会相互转化等。就如上例中，朵朵要完整地将妈妈的话传达给爸爸，就必须对爸爸说清楚"我妈妈让你买盐"这个意思，而朵朵没有说"我"，只是说"妈妈让你买盐"，或者只是说"让你买盐"，这时爸爸稍加引导，让朵朵说出“是谁让爸爸买盐”“妈妈让谁买盐”，这样朵朵逐渐地就会把话说完整，说具体，对于传达的话也不会有遗漏。

朵朵在不断的传话过程中，语言的表达能力和对语句的理解能力得到了飞跃式的提高，不仅在传话过程中能将大人所说的话一字不落地表达完整，而且对人称之间的转换也是运用自如，如你、我、他之间的转换都难不住她。

有了传话的经验，朵朵已经不再局限于只在我和他爸爸之间进行传话了，而是成了名副其实的“小通讯员”了，那就是通过电话把我们的问候传达给爷爷奶奶。每次她给奶奶打电话或者接听奶奶电话时，朵朵都会首先很有礼貌地问一句：“你是谁啊？”如果是奶奶，就会问奶奶好。在朵朵向奶奶表达一下思念之情后，我和老公就会坐在旁边对她说一堆话，让她帮我们传话：“告诉奶奶，爸爸妈妈也很想她。”“问问奶奶最近身体怎么样。”“家里都在忙什么。”“问问奶奶什么时候来咱们家。”……女儿又成了亲戚、朋友之间打电话时的传话员，除了有什么重要一点儿的事情外，几乎所有的电话联络都是靠女儿这个“传话筒”来完成的，而且每次传话的内容没有丝毫遗漏。

两三岁的宝宝，大脑发育很快，接收到的信息也越来越多，他们急于用语言表达自己的想法，又不知道该怎么说，于是语言发育与脑发育之间出现相对不平衡。所以，在这个时期，爸爸妈妈一定要多鼓励宝宝开口说话，并且在家庭中营造很好的语言交流和学习的环境，让宝宝能够得到充足的语言信息，并储存在小脑袋里。一旦他们能够开口说话，这些信息将作为基础源不断提供给孩子。

妈妈有话说

两三岁的宝宝已经脱离了咿呀学语的阶段，需要爸爸妈妈教更多的知识以满足他们对语言的需求。所以，在日常生活中，爸爸妈妈一定要创造更多的机会让宝宝开口说话，要大胆地和宝宝说话，促进宝宝多说话。

专家方案

宝宝 2 岁左右时，理解能力和分辨能力大大提高，这个时期的重点是让宝宝理解一个简短句子所表达的意思，不是只局限于学习单词的含义，而是将词语尽可能地融汇到句子之中，帮助宝宝更好地理解词义。

一是爸爸妈妈和宝宝玩传话游戏，要注意激发宝宝对传话的兴趣。

二是爸爸妈妈要将传话运用到生活中，给宝宝提供更多的传话机会，让宝宝在爸爸妈妈之间传话，做一个快乐的“传话员”。

三是在传话过程中，爸爸妈妈语速要慢，并引导宝宝把话说完整、说具体。

哇，这个东西真香啊

朵朵两岁三个月大的时候，有一天，我外出购物回到家里后，朵朵就迫不及待地想看看提包里装了些什么东西。朵朵一件一件地把提包里的东西摆在茶几上，忽然她的注意力被一瓶防蚊花露水吸引了。由于我这次买的花露水和平时她用的包装不太一样，所以朵朵拿着花露水来回地观察，一会儿翻过这面看一看，一会儿翻过那面看一看，还不时地用鼻子闻一闻，脸上表现出好奇和兴奋的表情。

只见她用小手抠开外包装盒，花露水的瓶体便露了出来。她将小鼻子凑过去继续闻，笑眯眯地说："真香啊！"不一会儿，她乐呵呵地跑到我跟前说："妈妈，开开，宝宝洗手。"原来她是把花露水当成了洗手液了。我摸摸她的头说："这是花露水，蚊子叮宝宝的时候才用。"朵朵又问："为什么是香的？"朵朵这么一说，我恍然明白朵朵为什么刚才将香皂放在鼻子上闻来闻去了。于是我对朵朵说："因为花露水里有香料啊！"朵朵听后似懂非懂。这并没有满足她的好奇心，后来她总喜欢拿起一件物品就要用鼻子闻一闻是什么味儿。

为了满足朵朵的这一好奇心，我收集了家里所有不同气味的物品，有肥皂、花椒、香油、醋、糕点、茴香等，然后让朵朵逐一地闻一闻。朵朵每闻一种，我就告诉她这种气味的物品是什么，比如闻到醋时，我就告诉朵朵说："这是醋，它的气味是酸的。”如果是香皂，我就告诉她：“这是香皂，它的气味是清香味。”等我把所有物品的名称和气味给朵朵介绍完之后，让朵朵闭上眼睛，闻一闻某个物品，然后让她尝试着说出这是什么物品，是什么味儿。

刚开始朵朵对每一种物品的气味并不是很熟悉，常常会出现混淆的情况，如把香油的香味和糕点的香味混起来，但是一般情况下，容易混淆的都是气味比较相近的物品，而对于那些气味差别比较大的物品，猜对的概率还是很高的，比如醋和茴香这两种物品，朵朵一次就猜对了。

所以，在日常生活中，爸爸妈妈刚开始让宝宝闻味儿辨物品时，可以先选择两种气味差别比较明显的物品让宝宝来闻一闻，等宝宝熟悉后再逐步增加种类。这样的训练不仅可以提高宝宝语言与实物配对的能力，同时还可以加强宝宝的嗅觉和味觉。通过真实的体验，可以在宝宝的脑海里加深对某一物品的记忆，对语言的理解和印象也会随之加深，有利于提高宝宝的语言表达能力。

春天是万物复苏、百花争艳的季节，这时爸爸妈妈可以带着宝宝外出，一边感受春天给人带来的惬意，一边引导宝宝观察各种各样花朵的形状，闻一闻各种花的香味，让他更多地了解不同花的名称以及花所具有的气味，不断积累生活常识，为将来较好地进行语言表达打基础。

记得朵朵两岁半时刚好赶上五一放假，也正值春暖花开之际，于是我和她爸爸决定带着朵朵去植物园玩。到了植物园以后，看到各种各样的鲜花竞相开放，着实让朵朵兴奋了许久。当我们来到一片玫瑰花丛时，我跟朵朵说：“朵朵，快来闻一闻玫瑰花是什么味。”朵朵轻轻地捧着一朵玫瑰花闻了闻。紧接着我又问：“玫瑰花是不是很香啊？”朵朵跟着我说：“玫瑰花香。”当我们走到一片丁香树旁时，一股丁香花香扑鼻而来，我赶紧带着朵朵去闻了闻丁香花的香味，并告诉朵朵：“这是丁香花，它的香味儿很浓，很好闻。”这一天，朵朵在玩的过程中知道了很多种花的名称，记住了它们的香味。朵朵也从中增加了生活阅历，丰富了语言词汇。

在日常生活中，很多东西我都会让朵朵闻一闻它的气味，甚至去尝一尝。在不断地闻与尝的过程中，朵朵将能与气味和味道联系起来的词汇了解得越来越多了，记忆力越来越好了，甚至可以说出“酸酸的醋”“甜甜的糖”“辣辣的辣椒”“咸咸的盐”这样的词汇了。

妈妈有话说

对于日常生活中的物品，宝宝通过嗅觉、味觉及视觉等感觉器官亲身体验后，可以加深宝宝对这些物品的理解，其语言表达能力也会不断提高。同时，宝宝将物品的名称与它的气味和味道联系起来认识，还有助于其记忆力的提高。所以，在生活中，妈妈可以充分调动宝宝的味觉和嗅觉，宝宝有了真实的体验才会更好地用语言将其表达出来。

专家方案

说话不仅仅是简单意义上的语言表达，还包括了对语言的理解能力和对自己想法的表达能力。宝宝的语言能力是家长非常关注的，宝宝学说话的不同阶段有不同的要求。家长可以利用生活中给实物配对的方法帮助宝宝学习更多的词汇，理解更多的词义。

一是爸爸妈妈要利用生活中常见的食物，让宝宝闻一闻、尝一尝，真实感受一下各种食物的气味和味道。

二是爸爸妈妈要经常带宝宝到户外体验大自然散发出的各种气味，如各种各样的花香以及青草的香气等。

宝宝成了自得其乐的“小唠叨”

两三岁的宝宝，在独自一个人玩耍时，总是会嘀嘀咕咕地说个不停，有时候是对着玩具说，有时候是对着书本说，有时候是对着家里的物品说，但爸爸妈妈却听不懂宝宝在说什么，更弄不明白宝宝的心里在想些什么。见此情景，有些爸爸妈妈心里就会隐隐约约地担心，宝宝怎么变成一个自言自语的“小唠叨”了？不会出现什么问题吧？其实，这样的担心是不必要的，因为这一现象在两三岁的宝宝中是很普遍、很正常的。

朵朵在2岁的时候，我发现她经常自言自语。一天晚上我正在做饭，朵朵在客厅里玩着布娃娃，过了一会儿，我隐隐约约听见外面好像有人说话。心想：难道有人来了？便放下手中的活儿走出厨房。发现并不是有人来了，而是朵朵正在沙发上和布娃娃玩。她嘴里振振有词：“乐乐睡觉啦，乖乖睡觉喽……人之初，性本善，性相近，习相远，苟不教，性乃迁……”我一看，这完全是我哄朵朵睡觉的情景。我心里感到很好笑，但并没有打断她。《三字经》背得差不多了，朵朵还要给乐乐盖好被子，完全沉浸在我哄她睡觉的情景中。看着朵朵的言行举止，我倍感欣慰，竟然让我忘记了自己手中的活儿。

从那次以后，我便开始有意识地注意着朵朵，发现她经常一个人在玩的时候自言自语。比如在玩积木的时候，手里拿着积木，嘴里说着：“这块应该放在这里，做房顶。”给小毛绒熊洗澡的时候，朵朵会边洗边说：“洗澡喽，

洗澡喽，大家都来洗澡喽。先弄湿，搓香皂，搓一搓起泡泡；搓搓小肚肚，搓搓小屁屁；用水冲干净，做个讲卫生的好宝宝。”有时候，朵朵自言自语的话是我平时说给她听的，但也有一些话让我感到莫名其妙，完全是她自己组织语言编出来的。但不管怎样，女儿自言自语的时候，我总是静静地站在一边，从来都没有打断过她，而是让她做一个自得其乐的“小唠叨”。

宝宝在3岁左右时，正是语言发展的关键时期，从外部语言过渡到内部语言，宝宝的自言自语正是把外部学习到的语言转换成自己的语言来使用的一种表现，是将自己的想法用自己的语言表达出来。此时宝宝的思维能力正在快速发展，却没有完全成熟，还无法做到将思考的过程内化，而自言自语可以帮助他整合语言和思想，把正在思考的东西，无意识地直接用嘴说出来，这对宝宝的语言发育有积极作用。所以说自言自语是宝宝以自我为中心的一种表现，这种行为在他的成长过程中起着重要作用，宝宝独处时没有压力，感觉轻松无拘束，于是不由自主地大声畅所欲言。

宝宝自言自语的内容，往往包含着不同的形式，如有问题语言，有故事语言，有陈述语言等。问题语言是宝宝在日常生活中遇到新奇事物或者遇到事情不知该如何处理时发出的疑问，这些信息可能是宝宝曾经看到过的，听到过的。

朵朵有一次准备要画画，图纸已经平平整整地铺在桌子上了，却发现彩笔不见了，朵朵就自言自语地说：“咦，彩笔哪去了？”说罢就开始到处找了：一会儿拉开抽屉，一会儿打开柜子，一会儿瞧瞧床底，一会儿看看茶几……最后，终于在沙发的一个角落里找到了。朵朵看着彩笔，很得意地说：“哇，原来在这里呀！让我找了大半天。”当她把彩笔拿在手里后，又自言自语地说：“今天画什么呢？”然后坐在小凳子上想了想说：“画一条小鱼吧！”而且一边画一边自语道：“这是鱼头，这是鱼眼睛，这是鱼尾巴……最后再画些鱼鳞。”在整个作画的过程中，朵朵几乎时时刻刻都处在自言自语中。

在宝宝画画的过程中，大脑要进行很多的思维活动。他们要思考先画什么。然后再画什么，这一原本思考的过程，宝宝会用语言将自己要做的事情一一说出来，像讲故事一样，这就是故事语言。

宝宝的这种自言自语的表现，有时候会让爸爸妈妈感到奇怪甚至厌烦。当宝宝开始无意识地自言自语时，有的爸爸妈妈就从中打断，比如说："唠唠叨叨，说什么呢？""你说什么呢？很烦人啊！"家长这种做法不仅打断了宝宝的自言自语行为，还有可能打断当时的思路以及打消他的兴趣。如果爸爸妈妈经常这样打断宝宝的自言自语行为，会发现宝宝的自言自语会越来越少了，甚至开口说话的次数也会减少。因此，作为爸爸妈妈，千万不要阻止或打断宝宝的自言自语行为，让他尽情尽兴地说，把经过自己整理的语言，大胆地表达出来。这不仅可以增强宝宝的思维能力，同时也是锻炼语言能力的好机会。

妈妈有话说

宝宝经常自言自语，有利于其思维发展，也有利于其学习语言。此时，爸爸妈妈要抓住这一时机，善加利用，多跟宝宝说一说话，随时告诉宝宝一些常识，如：这是什么？有什么用处？为什么这样做？……让宝宝在大脑中记住这些常识，再经过思考后表达出来。

专家方案

作为爸爸妈妈，在平时要给宝宝多提供这种以自我为中心的表达机会，让其说出自己的想法。对于宝宝的自言自语要认真倾听，多了解宝宝的内心想法和语言发展状况。

一是爸爸妈妈不要打断宝宝的自言自语行为，应该让其大声畅所欲言，想说什么就说什么。

二是在日常生活中，爸爸妈妈要引导宝宝多学习一些常识，让宝宝有更多的知识储备。

三是爸爸妈妈对宝宝的自言自语要认真倾听，而不要表现出任何厌烦的情绪。

与宝宝一起说反义词

不知道是什么时候，朵朵知道了“高”的意思。有一天我洗完衣服准备晾晒时，就给朵朵搬了一个小凳子，让她坐在凳子上看故事书。当我在阳台上晾完衣服回到客厅一看，朵朵居然站在了凳子上，然后笑嘻嘻地对我说：“高！”我当时又担心又欣喜，担心的是朵朵从凳子上摔下来受伤，欣喜的是朵朵竟然知道了站在凳子上比坐在凳子上要高，而且知道了“高”的意思。也许是女儿的这个举动让我有了灵感，我决定要和女儿一起学习反义词。我顺着“高”的意思，让女儿继续站在凳子上，然后我蹲在地上，对她说：“啊，朵朵好高啊，妈妈比朵朵要低好多啊！”没想到经过我这么一说，朵朵马上说：“爸爸高，妈妈低。”真是一点就通啊！

晚上睡觉前，我和朵朵坐在一起，光着脚比大小，当大脚和小脚碰到一起时，朵朵开心极了。我趁机说：“朵朵的脚小，妈妈的脚大。”就这样，每天晚上睡觉前，我们都要比比脚的大小。一天，比完脚的大小后，我问女儿：“朵朵的脚怎么样啊？”女儿高兴地说：“小。”“那妈妈的脚呢？”“大。”高和低、大和小这是朵朵在浩瀚的认知世界里最先接触到的两组反义词。

宝宝学习词汇以及对词汇意思的理解是需要爸爸妈妈不断的帮助的。家长要充分利用生活中的事物进行对比，和宝宝进行反义词训练游戏，这有利于宝宝对词汇的理解，也更容易激发宝宝学习的兴趣。所以，在生活中爸爸妈妈可以随时和宝宝玩反义词游戏，为宝宝提供良好的语言环境，使他提高语言的理解能力和表达能力。

如果宝宝对生活中的事物比较陌生、不够熟悉，在进行游戏时肯定会有很大的难度，甚至根本无法进行。为了克服这个困难，就要求爸爸妈妈在和宝宝进行游戏前，一定要在生活中不断为宝宝丰富一些词汇，如去动物园看到大象，可以告诉宝宝大象很“重”；看见小鸟身上掉下来的羽毛，可以告诉宝宝羽毛很“轻”。这样宝宝的感性认识会逐渐增加，有利于宝宝将学到的词汇直接运用到以后的说话中。

在这方面，我特别注重在生活中找素材，比如我们家吃饭用的筷子就可以让朵朵学到好几组反义词。我给朵朵准备的筷子是白色的短筷子，而我和她爸爸用的是黑色的长筷子。每当吃饭的时候，我会对她说：“朵朵的筷子是白色的，妈妈的筷子是黑色的。朵朵的筷子短，妈妈的筷子长。”渐渐地，朵朵懂得了长与短、白与黑的意思了。有一次我们准备出门，刚穿好鞋，朵朵就兴奋地大喊起来：“妈妈的鞋是黑色的，我的鞋是白色的。”哦，小机灵鬼，真是现学现用啊！

其实，教宝宝学习反义词在生活中有很多素材，如多与少，冷与热，厚与薄等。只要爸爸妈妈留意就会发现。如散步时，妈妈在左边，宝宝在中间，爸爸在右边，让宝宝看看左边，说出是谁，再看看右边，说出是谁，然后爸爸妈妈互换位置看宝宝能否回答正确。这样不仅让宝宝学习到了反义词，而且还分清左和右这些方位词，训练了宝宝对空间方位的感知能力。

一次我和朵朵一起走楼梯，我故意走得很快，然后对朵朵说：“妈妈上楼梯走得真快呀。朵朵怎么样啊？”朵朵刚开始不能将一句话完整地表达出来，回答说：“朵朵走得慢！”我说：“那妈妈走得慢一点儿，朵朵走得快一点儿。”朵朵高兴地说：“好啊！”

在生活中，我经常利用这样的机会教朵朵学习反义词，丰富她的词汇量。

就在不断的引导和游戏的过程中朵朵学会了很多反义词，比如我们利用扔石头的机会，朵朵掌握了“远”和“近”；利用停电的机会，朵朵掌握了“明”和“暗”等。

在教宝宝分清这些反义词的时候，刚开始宝宝很容易将其混淆，这时妈妈千万不要放弃，而是要耐心、反复地教宝宝，直到让他学会为止。

除了从生活中寻找素材之外，爸爸妈妈也可以用一些相关的图片让宝宝进行比较。我经常会找一些图片对比，拿出来给朵朵看，然后告诉她“这是粗”“这是细”“这是胖”“这是瘦”等。等朵朵熟悉这些图片之后，我会让她自己说出图片中相对应的反义词关系。

在做这样的游戏时，爸爸妈妈在一开始的时候要求不能太高，期望值也不能太高，只要宝宝能简单地说出长短、粗细、胖瘦、大小等形容词即可，等他们对这些词的理解有了进一步的加深之后，可以引导宝宝完整地表达出这些反义词的意思，如火是热的，冰是冷的；夏天是热的，冬天是冷的……

妈妈有话说

宝宝学习语言，需要爸爸妈妈帮其扩大词汇量，而利用生活中的事物和宝宝进行说反义词的游戏，更有利于宝宝对词汇的理解。这种游戏不仅为宝宝储备了大量的词汇，提高了对语言的理解能力和表达能力，同时还可以培养宝宝思维的发散性、逆向性和流畅性。

专家方案

随着宝宝词汇量的增加，父母可以教宝宝多学习一些反义词。由于这个年龄宝宝的思维方式还是以形象思维为主，通过学习反义词，更有利于宝宝的分辨能力和记忆能力的发展，进而学会抽象思维。

一是爸爸妈妈要先从那些具体的，能通过实物比较的反义词入手，好让宝宝看得见，摸得着，加深对词汇的理解。

二是爸爸妈妈在生活中引导宝宝多看、多观察、多比较。

三是爸爸妈妈应该结合宝宝的兴趣特点，在游戏的过程中向宝宝灌输反义词的概念。

为《龟兔赛跑》改编一个新结局

大多数宝宝入睡前非常喜欢听爸爸妈妈讲故事，这恰好也是宝宝学习的一个最佳时机。讲好睡前故事对宝宝的身心健康发展十分有益。朵朵也不例外，一直都是一个故事迷。她2岁前，基本都是以我讲故事她听故事为主，但这种格局随着朵朵的逐渐长大被打破了，偶尔朵朵会结结巴巴地给我讲个小故事，有时还会给我找一点儿错误……

又到了晚上入睡前讲故事的时间了。因为我还有事情要做，暂时不能给朵朵讲故事，所以这个任务责无旁贷地就落在了她爸爸身上。只见父女俩趴在被窝里，爸爸乐呵呵地讲着有趣的故事。“咱们今天讲的是《龟兔赛跑》的故事，以前妈妈讲过没有?”“没有!”“今天爸爸就要给你讲这个故事，想不想听?”“想。”

于是她爸爸正式讲起了故事：

兔子长着两条腿，一蹦一跳的，跑起来可快了。乌龟也长了四条腿，爬呀、爬呀，爬得可真慢呀！有一天，兔子碰见乌龟，笑眯眯地说：“乌龟，乌龟，咱们来赛跑，好吗?”乌龟知道兔子在跟他开玩笑，瞪着一双小眼睛，不理也不睬。兔子知道乌龟不敢跟他赛跑，乐得摆着耳朵直蹦跳，还编了一首儿歌笑话他：“乌龟，乌龟，爬爬，一早出门采花；乌龟，乌龟，走走，傍晚还在门口。”乌龟生气了，说：“兔子，兔子，你别神气活现的，咱们这就来赛跑？”“什么，什么？乌龟，你说什么？咱们这就来赛跑。”兔子一听，差点笑破了肚子：“乌龟，你真敢跟我赛跑？那好，咱们从这儿跑起，看谁先跑到那边山脚的大树下。预备！一，二，三，跑！”

兔子撒开腿就跑，跑得真快，一会儿就跑出很远了。他回头一看，乌龟才爬了一小段路……

老公讲得有声有色，朵朵听得津津有味。忽然，讲到这里却戛然而止，爸爸不愿意再往下讲了，而是看着认真倾听的女儿说：“兔子和乌龟开始赛跑了，你觉得最后的结局是怎么样的啊？”女儿用小手托着腮帮子，露出一副认真思考的样子……两分钟过去了，女儿高兴地说：“我知道了，是这样的！”“兔子很快就跑到终点了，乌龟爬得慢，还累得不行。”老公问：“那最后谁赢了？”朵朵毫不犹豫地说：“兔子。”“为什么兔子会赢呢？”“因为兔子跑得快。”父女俩你一言我一语地讨论着谁输谁赢的问题。忽然老公问朵朵说：“你觉得乌龟可能赢吗？”朵朵说：“也有可能的。”老公故意装出吃惊的样子，说：“哦？那你说说乌龟是怎么赢的？”朵朵想了想说：“兔子在终点等了乌龟很长时间都没有来。”“然后呢？”“兔子就说这次不算，要回去找乌龟重新跑一次。”“那兔子返回去了吗？”“当然啦，兔子想回去看看乌龟爬到哪里了，笑话一下乌龟。”“那他返回去后见到乌龟了吗？”朵朵摇摇头说：“没有，乌龟朝一条近路爬过去了。”“那最后？”“兔子返回来后，乌龟已经赢了。”

朵朵在爸爸不断的提问和引导下，充分发挥自己的想象力，为《龟兔赛跑》改编了一个新结局。虽然这个时候朵朵才2岁8个月，已经能完整地表达自己的想法和意愿了，但听到女儿为《龟兔赛跑》的故事编出一个新结局，还是把我惊讶得几乎不敢相信自己的耳朵。原来给宝宝讲故事，还可以用这种方法。

通常情况下，我们给宝宝讲故事所用的方式都是“家长讲宝宝听”，这样的方式有利于培养宝宝的倾听习惯和倾听能力，让宝宝学会在安静的状态下认真倾听。但在给宝宝讲故事的时候，还可以用上述的方式，就是一边给宝宝讲故事，一边引导宝宝“边讲边创编”这样的互动式。爸爸妈妈在给宝宝讲故事时，可以选择一个宝宝不太熟悉的故事或者这个故事可以有很多个结果，大人讲故事的前半部分，然后用提问的方法引导宝宝充分发挥自己的想象力，创编故事的后半部分。这样做既可以培养宝宝的创编能力，又可以锻炼宝宝进行发散思维的能力。

当然，爸爸妈妈也可以让宝宝猜测和创编故事的结尾，或是在故事的中间让宝宝根据自己的想法，猜测和描述故事的发展结局。当然，这种方式需要爸爸妈妈有一定的引导和提问技巧，对宝宝编得好的地方，一定要及时给予鼓励；对不合理的地方也要及时指正，启发、引导宝宝继续把故事编得更加合情合理。

每次想好给朵朵讲的故事后，我都会带着她到外面认识一下故事里面要涉及的一些事物。如果要给她讲动物的故事，我事先会带她到动物园参观一番，让她先对各种动物的外形特征有一个大体的了解；如果要讲有关植物的故事，我会带着她到植物园或者公园里观看花花草草。除此之外，在平时的生活中，我也会注意丰富朵朵各种各样的知识。

一个故事的开头和结尾可以有很多种版本，快乐的、悲伤的、好的、坏的……通过让宝宝为故事创编一个不一样的结局，不仅可以锻炼宝宝的语言表达能力，而且也可以锻炼他的思维能力。

妈妈有话说

妈妈选择讲一个故事的开头，这个故事应该是有多个结尾的，然后让宝宝续编故事的结尾。通过宝宝对故事的延续，不但可以锻炼宝宝的语言能力，而且还可以锻炼宝宝的思维能力。

专家方案

通常宝宝的想象力要比我们想象得更为宽广，通过爸爸妈妈讲故事的前半部分，让宝宝充分运用自己的想象编出故事结尾的这种方式，是提高宝宝智力的好方法。

一是讲故事除了采用“家长讲宝宝听”这种方式外，还可以用“边讲边创编”的方式，激发宝宝的想象力和语言表达能力。

二是在让宝宝编故事的过程中，家长要适当地引导和提问，拓宽宝宝的想象力。

三是在日常生活中，家长要多带宝宝到大自然中了解各种事物，比如动物的习性、植物的特征等。

第三章 多玩

——宝宝的语言能力在玩中增长

爱玩是宝宝的天性。宝宝在不断玩新东西的过程中，不但享受到了乐趣，增长了知识，而且培养了创新能力。而游戏对于宝宝的语言发展同样具有重要的作用。大量事实表明，婴幼儿语言发展的关键在于使宝宝有机会以各种方式练习说话，而不能仅仅依赖说教。在游戏中，爸爸妈妈与宝宝之间的交流对话可以激发宝宝在不同的场合用不同的语言来表达自己的各种想法，对锻炼宝宝的语言能力大有帮助。

捡黄豆，捡绿豆

朵朵8个月时去医院做体检，医生在桌子上放了一粒小药片让朵朵捡起来，朵朵一下子就用两个小手指将药片捏了起来。当时我就在心里想：以后在朵朵的活动中一定要把这一项加进去，只是将药片改成小豆子。但是又考虑到朵朵还小，对某些事物的认知还很肤浅，什么东西都往嘴里塞，这项活动对她来说并不是很安全，所以这个项目就被搁置在一边了。

朵朵1岁时，带着她去姥姥家。也许在城里生活的时间久了，朵朵对农村的很多事物都特别感兴趣，每天把姥姥家折腾得乱七八糟。她姥姥实在没办法，就把绿豆装在一个小玻璃瓶里让她摇着玩。玩着玩着，一粒小绿豆从瓶子里掉到了床上，朵朵眼疾手快，一下子就把小绿豆捏了起来。看着眼前的一幕，我原先的计划马上浮现出来，决定将朵朵捡豆子的项目立即付之行动，借此机会就教朵朵玩起捡豆子这个游戏。这样不仅可以锻炼小家伙手眼协调能力，而且在玩游戏的过程中还能引导朵朵开口学习新名词、新句子呢。

于是，我先把所有绿豆倒在床上，将一个大碗放在旁边，然后示范捡豆子的动作给她看。我边做边说："把小绿豆一颗一颗地捡起来，放到这只大碗里。"朵朵觉得很有意思，马上在我的带领下开始捡起豆子来。在朵朵捡豆子的过程中，我在旁边引导说"捡绿豆，放碗里"。朵朵一边认真地捏豆子，一边模仿着我说："女肚。"于是我放慢语速说："绿豆。"没想到朵朵停止了捡豆子，抬起头认真地看着我的嘴型，听起我说话来了。我觉得在游戏中教朵朵说话的最佳时机到了，于是看着朵朵的眼睛又重复说："绿豆。"朵朵也跟着说："女肚。"我接着说："碗。"朵朵也模仿着说："满。"然后指着床上的绿豆说："把绿豆放进碗里。"很快朵朵将床上的小绿豆一颗一颗地都捡起来放到了大碗里。

宝宝1岁时，大脑比几个月时对爸爸妈妈的说话或者自己的发音更敏感了，这一变化使得大脑对语言的处理过程更为迅速，因此宝宝对他听到的说话声能更好、更快地理解。所以，这个阶段爸爸妈妈多说话有利于宝宝词汇量的增加，他听到的词语越多，吸纳的词汇量也就越大。但是这个阶段的宝宝发音还不是很清晰，甚至连爸爸妈妈都很难理解他到底说了什么。不过，没有关系，只要宝宝开口发音说话，目的就达到了。

在玩这个游戏时，爸爸妈妈要注意一点：刚开始宝宝的手眼协调能力不是很好，要先选择大一点儿的豆子，如蚕豆，之后再换小一点儿的豆子让宝宝一颗一颗地捡。宝宝在捡豆子的过程中，妈妈除了要教宝宝学习新名词，增加词汇量以外，也要注意宝宝的全面发展。相信每一对爸爸妈妈都希望自己的宝宝不仅能说会道，也希望宝宝能心灵手巧。所以在培养宝宝语言能力的同时也要重视训练宝宝手部精细动作的发展，而捡豆子游戏对宝宝就是一个再好不过的锻炼了。"捡"这个动作能锻炼宝宝手部的小肌肉，促进精细动作发展。

刚开始宝宝捡豆子也并不是一件容易做好的事，需要妈妈在必要时给予帮助，用语言和动作告诉宝宝怎样才能将豆子成功地捡起来。比如说："宝宝要蹲下身子，用大拇指和食指一起捏。"然后用动作示范给宝宝看，鼓励宝宝去捡豆子。当宝宝成功后，别忘了要及时给予表扬和鼓励，以增加宝宝对捡豆子的积极性。这样，宝宝既接受了妈妈语言的培训，又学会了把豆子轻松地捏起来，可以说同一个游戏训练了宝宝两项能力。

朵朵学会了捡豆子以后，我们的玩法也变得多种多样。有时候我们会这样玩：找一些颜色不同的豆子，如黄豆和绿豆，再找两个碗，告诉朵朵把黄豆放在左边的碗里，绿豆放在右边的碗里。待朵朵熟练后，我们就进行比赛，看看朵朵和妈妈谁捡得快。当然，在玩的过程中，妈妈可以教宝宝认颜色、分方位，帮助宝宝建立基础的颜色和方位认知能力，让宝宝接受更多的语言信息，使宝宝在不知不觉中积累大量的词汇，为将来的语言表达生动、有趣做准备。

妈妈有话说

3岁前是宝宝精细动作能力发展极为迅速的时期，良好的操作能力是学习任何特殊技能的前提条件。宝宝通过自己手的操作学习到的东西多了，进而可以用语言表达出来，就可以很好地促进语言能力的发展。所以，家长在教宝宝学说话、学语言的过程中，别忘了训练宝宝精细动作的能力。

专家方案

正所谓心灵手巧、手巧心灵。精细动作就是宝宝运用手尤其是手指的操作能力，而这种能力的本质，就是手—眼—脑的协调能力。捡豆子的游戏不仅仅能培养宝宝手眼协调能力，同时也是妈妈训练宝宝开口说话的好时机。

一是家长在引导宝宝捡豆子的过程中，要鼓励宝宝开口模仿，学习新词汇。

二是家长再给宝宝语言刺激的同时，也要注意发展宝宝的其他能力。

三是家长通过捡豆子游戏，可以培养宝宝的认知力，如认颜色、分方位等，增加宝宝的词汇量。

穿项链

1 岁以后正是宝宝学习掌握用两个手指捏取物品的时候，爸爸妈妈可以抓住时机和宝宝玩游戏来强化宝宝的精细动作。

趁着朵朵对圆形珠子有兴趣，我就和朵朵一起玩起了“穿项链”的游戏。我先准备五六个孔比较大的木质珠子和一根渔线，然后拿着珠子让朵朵看，并告诉她说：“这是珠子。”在说到“珠子”的时候，我会稍微提高声音，以便引起朵朵的注意。看到珠子后，朵朵就急着要去抓，我故意没有让她抓住，又重复说：“珠子。”朵朵见我不给她，急了，一边用两只小手抓我手里的圆珠子，一边用很急切的声音说：“肚子、肚子。”见朵朵模仿着说出来了，我便把珠子放在地板上，说：“朵朵去把珠子捡起来。”朵朵一听，高兴地跑过去捡珠子，只不过珠子有点不太听话，朵朵一抓就滚走了。我指着跑远的珠子说：“珠子跑了。”朵朵看了看我，又指着跑远的珠子，瞪大眼睛说：“跑！”我听到朵朵说出了人生中第一个动词，真是太激动了。于是接着朵朵的话茬，说：“是啊，珠子跑了，朵朵把它拿回来。”朵朵跑到珠子跟前，在我的引导下终于捡起了珠子。

然后，我拿出事先准备好的渔线，告诉她说：“这是绳子。”并鼓励朵朵说出“绳子”。开始穿项链了，我让朵朵仔细地观察珠子，特别是让朵朵多注意珠子上的圆孔，让她往圆孔里瞧一瞧，知道这个孔是可以从这边通向另一边的。然后对朵朵说："朵朵看，妈妈要穿一串项链送给朵朵。"

我先拿起珠子让朵朵再看一下中间的小孔，然后右手拿绳子，左手拿一颗珠子，在朵朵的观察下将绳子从小孔的一侧穿过另一侧，右手拉住绳头将珠子穿在绳子上。我将其他珠子一颗一颗地慢慢地穿起来，穿成一串项链，高兴地说："看，项链穿好了，妈妈给朵朵戴上。"边说边将项链挂在朵朵的脖子上，然后不忘夸赞一下："哇，朵朵戴着妈妈给穿成的项链真漂亮！"这时的朵朵显得非常兴奋，动手的欲望也特别强烈，还没等我给她试戴项链这个动作结束，就迫不及待地抓住项链自己要动手。

朵朵刚开始穿的时候，总是将绳子从珠子的外面穿过，不能准确地定位在圆孔的位置上，即使定位好了，一穿又偏了，这样试了几次后，还是没有成功。我说："朵朵别着急，妈妈帮你穿珠子，好不好？"然后一边手把手地协助朵朵将第一颗珠子穿了过去，一边说："朵朵要先把绳子从这个孔里穿进去，然后慢慢地拉绳子……"穿过去后，我并没有急着帮她拉绳子，而是让朵朵自己试着拉出绳子。在我的协助下朵朵成功地穿进一颗珠子，她高兴得不得了，说："穿。"哇噻！这是这个游戏中朵朵说出的第二个动词了，也许她并不是有意识地说出这个词，而是想用这个词代替"穿珠子"或者更长的话，但是对于刚学会说话不久的朵朵来说，我已经太满足了。在穿第二颗珠子时，她明显有了经验，经我稍微指点，很轻松就把珠子穿过去了。五颗珠子被朵朵一颗一颗地穿过去了，看着自己的成果，她也没有忘记在一旁的妈妈哦！拿起穿好的珠子嘴里呀呀叫着："妈妈。"意思是让我把穿好的项链戴上。于是我微笑着对朵朵说："朵朵给妈妈穿的项链，让妈妈戴上，是吗？"朵朵点点头，跟着我说："戴！"

真没想到，朵朵不仅学会了穿珠子，而且还在我的引导下学会了"跑""穿""戴"三个动词呢，宝宝真是太聪明了，妈妈真是太高兴了。

朵朵快 2 岁时，我将家里常见颜色的纽扣各找出三四个，然后混在一起散放在地板上，请朵朵先按照颜色将纽扣进行分类，并说出每一类是什么颜色。

纽扣按颜色分类后，就可以穿扣子了。先将红色的纽扣穿在一起，然后再将白色的纽扣穿在一起，最后将绿色的纽扣穿在一起。这样不仅锻炼了宝宝的精细动作能力，而且还可以教宝宝认识不同的颜色，发展他的认知能力。

宝宝进行穿扣子的方法有很多种，妈妈可以让宝宝根据自己的想象进行组合，穿出不同的项链，比如什么颜色的绳子穿什么颜色的扣子；大扣子穿在一起，小扣子穿在一起；圆扣子穿在一起，方扣子穿在一起等。这样既可以锻炼宝宝手眼协调的能力，增强双手相互配合的能力，同时，还可以让宝宝充分发挥自己的想象力和认知能力，为其语言发展提供丰富的词汇和材料。

妈妈有话说

3个月的宝宝会对自己的小手产生浓厚的兴趣，他们喜欢盯着小手发呆，还会时不时地试图活动一下手指头，这就是宝宝们手眼协调能力发展的开始。从这个时候开始妈妈就应该有意识地教宝宝一些手部动作。随着宝宝不断长大，妈妈可以在生活中、游戏中训练宝宝的手眼协调能力。在训练宝宝手眼协调能力时，要遵循循序渐进的原则，根据宝宝的月龄选择适合他们的游戏。宝宝成功时要及时表扬，失败了也不要责备，应鼓励他们继续尝试，要知道练习的过程比结果更重要。

专家方案

手的精细动作的发展有助于宝宝智力的发展，操作能力的发展是日后学习任何技能的前提条件。同时通过精细动作的培养和训练，还可以增强宝宝的独立意识和生活的自理能力。

一是爸爸妈妈要引导宝宝玩锻炼手部精细动作的游戏，如穿珠子、揭盖子等。

二是爸爸妈妈要在生活中多训练宝宝抓、拿、挠这些手部动作。

三是爸爸妈妈要在玩的过程中引导宝宝学习其他知识，提高认知能力。

影子模仿秀

朵朵11个月时正值春暖花开之际，一个风和日丽的上午，我和老公带着朵朵一起到小区的小广场里晒太阳。这时朵朵刚学会走路不久，不过能踉踉跄跄地走很长一段路了。自从她学会走路之后还没有在这么开阔的地方走过呢，所以，在我的保护下跌跌撞撞走个不停。

忽然，小家伙停住了脚步，似乎被什么东西吸引了。经我仔细观察，原来是老公在地上晃来晃去的影子吸引住了朵朵。我觉得这又是训练朵朵的一个好机会，赶紧指着地上的影子告诉朵朵说："朵朵看，这是爸爸的影子。"然后又拉着朵朵背对着太阳，正好将我和朵朵一大一小两个影子映射在地面上，然后我指着地面上的两个影子说："这是妈妈的影子，这是朵朵的影子。"朵朵一看自己的影子也在地面上，高兴地跑过去就要抓，可是影子也不乖啊，朵朵跑到哪里，它就跟着跑到哪里。朵朵乐得"咿咿呀呀"叫个不停。

玩着玩着，朵朵跑进了爸爸的大影子里，自己的影子不见了，正当朵朵好奇地寻找自己的影子时，老公走开了。朵朵对自己的影子不感兴趣了，而是跟着爸爸的影子踩啊踩，一边踩一边叫。在朵朵的带领下，我和老公也加入到游戏中。老公跑，影子也跟着动，我指着老公的影子用很兴奋的语调说："朵朵和妈妈一起踩爸爸的大影子。"说罢，我带着朵朵一起踩影子，边踩边大叫："在这里，快点来踩。""啊，在这里。""踩，踩，踩。"也许是欢快的气氛影响了朵朵的心情，小家伙在兴高采烈踩影子的同时，不由自主地也跟着我用稚嫩、含糊不清的声音说："踩，踩，踩。"发现朵朵开口说话了，我和老公会心一笑。老公更来劲儿了，让地上的影子变来变去，不让朵朵顺利地踩到。而我在一旁继续用语言来刺激朵朵发音："啊，朵朵踩到爸爸的胳膊了！""哇！朵朵踩到爸爸的腿了。"就这样在玩踩影子的游戏中，朵朵兴高采烈地跟着我们一起大喊大叫，偶尔还能在我的引导下说出一两个字。

通过这个无意间做的游戏，不仅锻炼了朵朵走路的稳定性，使她走路由跌跌撞撞变得越来越稳当，两条小腿越来越强劲有力，在追着踩影子的过程中还促进了朵朵视觉和反应能力的发展。同时在游戏的过程中，受到爸爸妈妈语言上的刺激和引导，使得朵朵有了急于开口表达的意愿，对其开口说话有着很大的促进作用。所以说，任何一个游戏，都可以成为锻炼宝宝开口发音、培养宝宝语言能力、促进宝宝智力发育的法宝。而爸爸妈妈要做的就是在游戏中多和宝宝说话，多引导宝宝说话，让孩子在欢乐的游戏氛围中迫不及待地想开口说话。

宝宝掌握语言是从模仿成人的发音开始的，如果宝宝出生后就脱离了语言环境的刺激或者爸爸妈妈从小就很少和宝宝说话，那么，宝宝很可能会出现到了说话的年龄还不会说话，或者发音、组词等方面较同龄宝宝差的情况。所以，语言环境对宝宝语言发展起着非常重要的作用。而且 1 岁至 2 岁是宝宝语言能力发展的关键时期，也是宝宝最喜欢模仿的阶段，爸爸妈妈在日常生活中，不论是游戏，还是日常的交流，都要尽量和宝宝多说话，让宝宝接受更多的语言刺激，让宝宝在模仿的过程中学会表达。

朵朵一岁半时，我将卡片上的动物按照它们的轮廓剪下来，然后在昏暗的灯光下，将它们拿起来，这时在墙壁上就会映射出它们轮廓的影子。我让朵朵看着墙上的影子，认一认是什么动物。当然，做这个游戏的前提是让朵朵熟悉每一个动物的外形，熟悉它们的轮廓。如果朵朵认不出来，我就会在一旁提示，比如鸭子，我会问朵朵说："什么动物的嘴是扁的啊?"朵朵给出的答案可能是正确的，也可能是不正确的。如果朵朵说对了，我就马上夸奖一番："哇，朵朵太棒了，它真的是鸭子唉。"然后让朵朵模仿小鸭子叫几声，小家伙会张大嘴巴"嘎嘎嘎"地学鸭子叫。然后换下一张，让朵朵继续在我的引导下猜猜是什么动物，学一学它们是怎么叫的。如果朵朵猜错了，我就接着提示、引导，比如我讲一个朵朵非常熟悉的故事作为提示。一般情况下经过我两次提示，朵朵基本都能准确地说出小动物的名字。

妈妈可以经常在上午或者下午太阳斜射时，带着宝宝到户外走一走、看一看，让宝宝观察投射到地上各种物体的影子，如大树、高楼、自行车、汽车、电线杆等。让宝宝在观察实物与影子的过程中，在大脑中建立形象思维，这对宝宝日后学习语言、扩大认知有着很积极的作用。

妈妈有话说

很多家长只关心宝宝开口说话的早与晚，而很少关心宝宝积累了多少词汇量的问题。殊不知，不管宝宝开口说话有多早，其掌握的词汇量起着至关重要的作用。词汇量越多，则宝宝在将来的语言表达中就更流畅、更生动；词汇量少则宝宝的表达就显得单调、无趣，甚至会阻碍宝宝语言的发展。所以，生活中家长要尽量通过各种各样的游戏，让宝宝在游戏中学习更多的词汇。

专家方案

模仿是宝宝学习知识的一个重要方式，在模仿的过程中宝宝熟悉了各种事物、各种声音、各种语言……而通过模仿影子，不仅可以极大地激发宝宝的好奇心，促进大脑的发育，而且还可以锻炼宝宝的动作和思维的灵活性，给宝宝智力和体能方面都带来意想不到的好处。

一是爸爸妈妈要主动参与游戏，尤其是和宝宝自己相关的影子游戏。

二是爸爸妈妈要引导宝宝找喜欢的事物进行模仿，如动物等。

三是爸爸妈妈在和宝宝玩游戏的过程中要随时进行语言交流，引导宝宝模仿说话。

四是爸爸妈妈要经常带宝宝到户外观察各种物体投射在地面上的影子，如建筑物、植物、动物等。

为布娃娃穿衣服

朵朵快 2 岁时，我从商场里给她买回一套芭比娃娃让她玩。朵朵手捧着娃娃，一会儿脱下晚礼服，换上运动装，一会儿脱下短裙子，换上长裙子……嘴里“嘀嘀咕咕”说个不停，一会儿说：“宝宝要听话，快把裤子穿上。”一会儿把娃娃抱在怀里，轻轻地拍打着说：“宝宝乖，快点睡觉觉吧！”

平时除了朵朵自己和布娃娃玩，我也会参与进来，和她一起做情景游戏。我把布娃娃和衣服准备好，对朵朵说：“我们今天要带着布娃娃一起去公园里玩，出门前娃娃和朵朵一样，都得穿上漂亮的衣服，你先给娃娃把衣服穿上吧。”然后将娃娃和衣服放在朵朵面前，进行引导，说：“娃娃的腿上应该穿什么呀？”朵朵毫不犹豫地说：“裤子。”然后迅速地拿起裤子给布娃娃穿上，接着再问：“娃娃头上应该戴什么？”朵朵说：“帽子。”然后给娃娃把帽子戴上。我接着问：“脚上应该穿什么？”朵朵回答说：“鞋。”然后把鞋给娃娃穿上。当然，刚开始时，朵朵给娃娃穿衣服的过程并不是很顺利，往往是穿上一条腿，穿不上另一条腿；穿了这只鞋，掉了那只鞋……这时，你一定要给她足够的时间，相信宝宝自己是能够做到的。果不其然，做过几次这样的情景游戏之后，朵朵很快就能将娃娃的衣服迅速、准确地找出来并穿上。

因为我给布娃娃缝制的衣服比较多，有夏装、有冬装；有长裙、有短裙、有裤子……应该说是应有尽有。所以在和朵朵玩情景游戏时，我还经常问她：

“现在是冬天，外面很冷，娃娃到外面应该穿什么衣服啊？”“现在是夏天，外面很热，娃娃应该穿什么衣服？”刚开始，面对这些问题，朵朵会很疑惑，一会儿拿起裙子，一会儿拿起棉衣……我会在一旁进行鼓励和引导：“你看现在是冬天，外面很冷，妈妈要带着朵朵到外面，妈妈要给朵朵穿什么衣服呢？”只见小家伙跑进卧室，一会儿拿出她的小棉袄，大声对我说：“小棉袄。”我紧接着说：“那冬天布娃娃应该穿什么出门呢？”朵朵说：“棉衣。”然后从一堆小衣服中选出棉衣给娃娃穿上。

除了为布娃娃换衣服、穿衣服，我还有一个妙招，那就是让朵朵和布娃娃对话，比如吃过晚饭后，我会对朵朵说：“告诉布娃娃，咱们今天吃的是什么饭？”如果今天去爬山了，我会对朵朵说：“告诉布娃娃，咱们今天去哪里了？”“爬山好玩吗？”……

平时，爸爸妈妈每次带宝宝外出，可以把选择衣服这件事情交给宝宝自己去做，还可以根据气候变化让宝宝自己选择合适的衣服。从小我就很注意培养朵朵这方面的能力，每次外出，穿什么衣服几乎都是朵朵自己做主，我只是偶尔会提醒她。记得有一次，我给朵朵买了一件很漂亮的有蝴蝶图案的裙子，第二天出门正好刚下完雨，天气不是很热，而朵朵硬要穿着那件特别喜欢的裙子出门，我便提醒她说：“外面刚下完雨，穿裙子会冷。”朵朵听后，还振振有词地说：“我不怕冷。”于是我把她带到窗户边，让她伸出手感受一下外面的天气。我问她说：“你感觉冷不冷？”朵朵说：“真冷。”我故意说：“那你穿上裙子咱们出门吧！”朵朵似乎不愿意了，嘟囔着说：“穿裙子冷，我要换衣服。”看来这次管用了。我说：“那你准备穿哪件衣服？”朵朵说：“我要穿粉色的长袖。”说完，很乖地去换衣服了。

也许，像朵朵这么大的很多宝宝，每天穿衣服、脱衣服都是爸爸妈妈在代劳，而朵朵却很少喊“妈妈，帮我穿裤子”“爸爸，帮我穿鞋子”这样的话。几乎每天穿衣服、脱衣服都是她自己完成的，甚至连扣扣子这样的精细动作都能独立完成。

教宝宝学语言不是单纯地让他模仿。如果在宝宝学习语言的同时，配合宝宝感兴趣的事情，效果会大大不同。所以在生活中爸爸妈妈要抓住宝宝比较感兴趣的事情，跟宝宝不断地就此事进行对话、交流。这样既可以增加宝宝玩的兴趣，又可以学习到很多语言。

妈妈有话说

宝宝 2 岁左右是宝宝吸取语言信息最旺盛的阶段。在这个时期，宝宝学习口语最明显的特点就是对新词汇的需求量明显增加，单靠家长一个词一个字地教宝宝往往已经不能满足他们的需求了，所以这个时候，家长除了要在日常生活中教宝宝说话，还要利用各种机会和宝宝交谈，引导宝宝接触更多的新词汇，说出更多的句子。

专家方案

手的动作能展现宝宝的智慧。据研究发现，手可以做一亿多个精细动作，宝宝的左右手经常活动，可以很好地开发左右脑。给布娃娃穿衣服，不但可以训练宝宝手指的协调配合，有利于手部精细动作的进一步发展，而且在游戏中进行丰富有趣的对话，还有利于宝宝语言和认知的发展。

一是爸爸妈妈要为宝宝准备一个有多套衣服的娃娃，供其游戏换衣服。

二是爸爸妈妈要有意识地和宝宝做一些情景游戏，引导宝宝说话，提高他的表达能力。

三是爸爸妈妈要在日常生活中鼓励宝宝自己穿衣服，培养宝宝的自理能力和动手能力。

宝宝和妈妈换角色

朵朵2岁4个月时，我和朵朵玩起了“宝宝和妈妈”互换角色的游戏，朵朵做妈妈，我当宝宝。这类游戏最能适应宝宝喜爱模仿的心理特点，宝宝喜欢模仿爸爸妈妈做事，最好的途径就是到游戏角色中去扮演，体验大人的劳动、生活和道德规范，学习办事的方法，锻炼社会性活动能力。互换角色的游戏既可以锻炼朵朵的自理能力，同时也让她理解妈妈的艰辛，培养她的爱心。另外，在互换角色的游戏中，宝宝要不断地用大人的口吻和妈妈所充当的宝宝角色进行语言交流，这对提升宝宝的语言能力是很有帮助的。

在游戏中，我会对朵朵说：“妈妈，该起床了，请你自己把衣服穿好。”我到楼下买了早点回来后，发现朵朵自己穿好了衣服。但是在扣第二颗扣子时显然不太顺利，见我进来了，她像看见了救星一样，一边朝我跑来，一边说：“小宝宝，请你帮我扣一下扣子，好吗？”我说：“妈妈，你是大人了，扣子应该自己扣。”朵朵不依不饶，继续说：“小宝宝，你帮我扣嘛。”最后，我说：“好吧，因为宝宝爱妈妈，就帮妈妈扣扣子。”在平时宝宝起床时，有时是妈妈在帮她穿衣服，通过互换角色，虽然还不能真正让宝宝进入到大人的角色当中，但是在穿衣方面应该自己动手了，让她明白自己的事情应该自己做，妈妈帮她做是因为爱宝宝，这能培养宝宝的自理能力。

在进行游戏的过程中，我发现朵朵总是渴望长大，好当妈妈。她总是喜欢穿上我的皮鞋，拿着我的提包在屋子里一本正经地走来走去，然后对我说："妈妈上班了！宝宝要听话。""妈妈挣钱，给宝宝买玩具、好吃的……"为了满足朵朵的这一愿望，我也经常和她玩"妈妈宝宝互换角色"的游戏。我当宝宝，学她的样，胡闹一气，一会儿不吃饭，一会儿不睡觉，一会儿赖床不起，一会儿哇哇大哭……虽然我的这些行为都是朵朵平时所表现出来的，但她一旦扮演起妈妈来总是像模像样的，用我平时和她说的话来哄我、逗我、教育我。当我不吃饭时，她会一边哄我一边喂我吃饭，还对着调羹吹吹；当我不肯睡觉时，她会给我讲故事；当我赖床不起时，她会摸着我的额头说"再不起就不是乖孩子了"……如果朵朵耐心说了一阵子，我继续不"识相"，她就会勃然大怒地说："告诉你，妈妈的耐心是有限的！"

然后我会乖乖地听话，朵朵马上会用和蔼可亲的态度说："这就对了，听话才是妈妈的好宝宝。"我很惭愧啊，宝宝在游戏中不耐烦的表现不就是我平时的样子吗？

两三岁的宝宝在玩和妈妈互换角色的游戏时，仍然近似于婴儿期，模仿成人使用物品和动作，比如玩上医院看病的游戏时，总是会满足于摆弄听诊器、打针等动作。但随着年龄的增长，他们再玩这种游戏时，就会逐渐产生目的性，开始模仿成人之间的关系，如医生怎样关心病人等。

有人说宝宝是爸爸妈妈的一面镜子，通过玩"妈妈宝宝互换角色"游戏可以让爸爸妈妈了解自己在平时对待宝宝的态度，因为爸爸妈妈的一举一动都可以通过游戏中的宝宝的言谈举止折射出来。所以，常玩角色互换游戏，对于宝宝来说，通过创造性地模仿现实生活的活动，可为其提供模仿、再现人与人关系的机会，为他们形成良好的社会交往等能力打下基础；对爸爸妈妈来说，能帮助他们反省、检讨自己对宝宝的教养态度，及时纠正不正确的方式。

朵朵3岁时，我还和她一起玩做饭、吃饭互换角色的游戏。朵朵当妈妈，围上围裙在厨房炒菜做饭，我和老公扮演孩子。当朵朵在我的指导下将饭菜端上饭桌后，我和老公分别有两种不同的表现。老公扮演的宝宝吃了丰富的菜肴后，非常开心，表现出自己很喜欢吃，然后不忘夸奖朵朵一番，朵朵听后很是得意。但我并没有这样随附老公，我的脑袋里回忆着朵朵平时在吃饭过程中的一些表现，比如挑食、磨蹭等，然后巧妙地给朵朵表演出来，并趁机向朵朵扮演的妈妈提各种要求，请她逐一给予满足。比如朵朵做的饭菜中没有我喜欢吃的鱼，我就闹着要吃鱼。朵朵很温柔地说："宝宝乖，菜要搭配着吃，不能挑食，这样对身体不好。"我故意撅着嘴说："不，我就要吃鱼。"朵朵使出浑身解数，安慰我说："乖，明天妈妈给你做鱼吃，好不好？"我说："我今天就要吃。"这时，我发现朵朵的脸色有点为难，坐在饭桌前默不作声了。其实，我表演的这一幕是朵朵平时表达不满的惯用方式。

游戏结束后，我和朵朵一起聊起有关爱的这个话题，比如怎样可以把爱表达出来，宝宝最喜欢妈妈哪种表达爱的方式等。当然我也会和朵朵互相交流一下彼此的感受，体验对方的心情。当老公扮演的"宝宝"对朵朵扮演的"妈妈"所做的饭菜不断称赞并吃得津津有味时，朵朵表现出很高兴的样子；但当我扮演的"宝宝"对饭菜表现出各种不良情绪时，朵朵也会感到很为难。做这个游戏能让朵朵或多或少地体会到妈妈做饭所付出的辛劳。让朵朵知道，如果得不到别人的喜欢和肯定，妈妈会很难过的。从中可以更好地教育宝宝要爱妈妈、爱爸爸。

几乎所有日常生活妈妈与宝宝有交集的事情都可以设计成"宝宝与妈妈互换角色"的游戏，让宝宝体会爸爸妈妈在每个生活环节中都付出了很多辛苦，当然同时也有很多快乐。做这些游戏能让宝宝更全面了解生活的方方面面，为其以后的语言发展以及运用打下良好的基础。

经常和朵朵玩这种角色互换的游戏，我渐渐地总结出这样几点好处：首先，让宝宝在角色转换中，通过介入家庭的日常生活，哪怕几天时间，也能让宝宝懂得什么是责任、什么是分内应该做的事情、应该承担什么责任、应该完成什么任务。其次，宝宝懂得为他人着想，实际上也是换位思考，这一点对宝宝将来步入社会尤为重要。最后，在角色互换中，当宝宝自己想吃什么东西，想买什么菜，不再对我说“我要什么”，而是自己思考，同时还要考虑爸爸妈妈的喜好。

做角色互换游戏对宝宝的成长有着非常重要的意义。在宝宝成长的最初阶段，角色互换可以让其尝试各种不同的行为方式，该用怎样的语言来表达自己的情绪，怎样和别人更好地交往，从而帮助他建立起一个独特的自我概念以及形成好的个性。

妈妈有话说

对于宝宝来说，角色互换能进一步激发宝宝的想象力，对大脑发展很有好处，模拟对话不仅能加深宝宝与妈妈的情感交流，还能刺激宝宝大脑的语言中枢。如果家长经常让宝宝扮演较自己年龄大的哥哥、姐姐、爸爸、妈妈等角色，宝宝的想象力就能通过语言自然表达出来，这将极大促进大脑开发。

专家方案

家长与宝宝玩角色互换的游戏绝非简单儿戏，它可以帮助宝宝认识成人世界。与宝宝互换角色能让其学习“换位思考”，这对宝宝的想象力、观察力、思维能力和解决问题的能力都大有好处。

一是爸爸妈妈在互换角色的过程中，要鼓励并指导宝宝运用正确的语言和动作扮演角色。

二是爸爸妈妈要及时和宝宝交流互换角色的感受和体会，并帮助宝宝解决遇到的问题。

三是爸爸妈妈要让宝宝多介入家庭日常生活，学会换位思考，休会到爸爸妈妈的辛苦。

让宝宝充当小超市老板

朵朵很小的时候，我就经常带着她去逛附近的超市。朵朵由于太小，对超市里琳琅满目的商品并没有什么概念，从进超市到离开超市一直都很乖巧、听话。随着朵朵一天天长大，逛超市并不是我一个人说了算啦，朵朵 1 岁半的时候，对很多东西有了初步的概念，知道摆放在那的玩具是用来玩的，水果是用来吃的……刚好正处于学说话时期，就变得不乖了。看到自己喜欢的东西，总是张开小手，嘴里不停地喊着："要，要……"

朵朵 2 岁后，语言表达的能力越来越好了，几乎所有她见过的东西都能说出名称。为了锻炼朵朵运用口语连贯表述一句话或者是一段话，我把朵朵抛在一边的各种旧玩具重新拿出来，再次吸引朵朵的注意。我想出了一个开超市的游戏。

于是，我们家隔三岔五地就摆满林林总总、各种各样的东西，有时候弄个"玩具超市"，有时候弄个"水果超市"，有时候弄个"副食超市"，有时候弄个"菜市场"。当然在角色的分配上，我们会采取民主的方法，让朵朵自由选择角色。通常情况下，"老板"总是朵朵，而我和她爸爸则是"顾客"。

在和宝宝第一次玩这个游戏时，妈妈要先扮演超市老板，宝宝扮演顾客，先向宝宝做个示范。我把朵朵的玩具，包括皮球、汽车、拨浪鼓、小木马等 10 件玩具，逐一摆放在沙发上，然后扮演超市老板，向朵朵一个一个地介绍

商品。如在介绍小皮球时，我先对朵朵说："这是小皮球，它充满气后，可以在地上不停地拍打，而且还可以用脚踢着玩，你喜欢吗？想不想买一个玩啊？"朵朵在我的介绍下心动了，说："喜欢，我要买一个玩！"说完后她就抱着皮球要走，我笑着拦住她说："想买这个小皮球，得先付钱！"朵朵显然没有料到拿皮球还要用钱买。她睁大眼睛看着我问："这个多少钱啊？"我说："这个小皮球5块钱。"在我的引导下，最后朵朵用事先准备好的纸卡，也就是游戏中充当钱的东西把小皮球"买"走了。

有了第一次超市购物的经验之后，我和朵朵互换角色继续玩游戏。在宝宝扮演老板时，妈妈一定要扮演好顾客这个角色，不要放过每个锻炼宝宝讲话的机会。在朵朵当上了超市的小老板后，首先她拿起一辆玩具小汽车，对我说："这是小汽车。"我认真地听着朵朵为我介绍商品。她问："你要买一个吗？"我说："它有什么功能呀？"朵朵摆弄着小汽车，说："它有遥控，按一下就会跑。"我接着说："是吗？你可以给我示范一下吗？"朵朵干脆地说："好的。"说罢把小汽车放在地上，按下遥控，让它跑了起来。我点点头表示喜欢，朵朵看见我点头了，就问："你喜欢吗？要买吗？"我接过汽车看了一下，说："嗯，这个小汽车很不错。多少钱？"朵朵脸上一下子露出了兴奋的表情，赶紧说："10块钱！"我紧接着说："挺便宜的，我买下了。"然后我付了钱买下小汽车。朵朵成功地"卖"出了自己的商品，高兴得不得了。

在游戏中，也许宝宝在介绍商品时，并不能将其各个方面介绍得很全面，只是简单地向妈妈介绍这是什么。为了让宝宝说更多的话，把商品介绍得尽量详尽一些，妈妈一定要主动向宝宝提问，比如跟小老板说"我想买一个毛毛狗""小狗多少钱""它有什么样的功能"等，来引导宝宝为你详细地介绍商品。另外，在"买卖"的过程中，买东西是需要付钱的，可以用物品代替，如一些小画片、小纸片，只要宝宝想得出来，什么东西都可以当钱用。当然，也可以使用真正的钱，这样还能使宝宝对钱币有直观的认识，并从中学会认识钱的面额。

在家里，几乎所有的物品都可以供宝宝开超市用，比如各式各样的玩具，厨房里的锅碗瓢盆，去超市买回来的蔬菜、水果，家里摆设的小工艺品等。在保证安全的基础上，可以多开动脑筋。

记得有一次，我坐在沙发上看电视，朵朵自己在玩。过了一会儿，朵朵高兴地拉着我的手说："妈妈，卖鞋啦！"我这才发现朵朵将鞋柜里的鞋子摆放得整整齐齐。看着眼前的情景，我心里很高兴，用赞许的口吻先表扬了女儿，然后认真地看了看放在鞋柜里的鞋子，说："我要买一双白色的、有鞋带的鞋子。"女儿一会拿起这双，一会儿拿起那双，很是犹豫不决。我继续引导说："鞋子不能带跟的！"女儿一听，马上把一双白色的旅游鞋拿给我。我高兴地说："我就要这双鞋。"然后付钱给朵朵，把鞋"买"下来。

在游戏过程中，妈妈扮演顾客时还可以先描述自己想买的东西的一些基本特征，然后让宝宝根据这些特征来猜猜到底是哪件东西，如果没有猜对，妈妈可以继续说一些特征，不断引导宝宝，直到宝宝把正确的东西选出来。

玩这样的角色互换游戏，宝宝的参与热情会很高。游戏既可以让宝宝找到乐趣，同时还可以培养宝宝的注意力、想象力和语言能力。所以，爸爸妈妈可以随时准备一些相关的物品，让游戏更加丰富多彩，寓教于乐。

妈妈有话说

学会正确发音是宝宝说话的基础。当宝宝开始学习发音时，家长就要有意识地和他讲话，与他进行交流，让他看清楚爸爸妈妈说话时的表情、口型以及动作等。随着宝宝语言能力的不断发展，宝宝就有了与他人交往的愿望，这时家长训练方法应灵活多样，力图引起宝宝的学习兴趣，从而使宝宝能积极参与其中，如演示讲解、互相问答、看图讲话、听故事复述、游戏比赛、角色扮演等。

专家方案

每位家长都希望自己的宝宝将来能成为一个能说会道的人才，但是要想培养宝宝的语言能力，在宝宝学说话期间只与宝宝进行平时生活上的交谈是远远不够的。家长要抓住宝宝语言发展的“黄金期”，运用多种方法和宝宝进行交流，才能轻松培养宝宝的语言能力，而角色互换游戏就是其中最好的一种。

一是爸爸妈妈要利用宝宝熟悉的生活用品做道具，不断丰富宝宝的语言和词汇。

二是爸爸妈妈在和宝宝进行游戏时，一定要引导宝宝多说话，完善语言表达能力。

三是在超市或菜市场购物时，爸爸妈妈可以让宝宝参与，在体验购物快乐的同时学习与人交流。

和宝宝一起来添画

朵朵1岁9个月时对纸和笔很感兴趣，经常趁我们不注意的时候拿着老公用的笔在工作笔记本上乱画道道，等我们发现后为时已晚。为了满足朵朵画画的愿望，我专门买了一盒彩笔和一个白纸本，让她自己在上面乱画。

刚开始朵朵的小手不能很稳地握住笔，我就手把手的教她握笔，然后慢慢地在纸上画道道。渐渐地朵朵可以紧紧地握住手中的笔了，能自如地在纸上画一些乱七八糟的线条了。朵朵每画一幅画，我都会收藏起来。而且在与女儿涂鸦的过程中，我会从她画的那些乱七八糟的线条中挑出一些，和她一起玩添画的游戏。一次，我从朵朵画好的图形中找出一个好似圆的图形，问朵朵："你看这个图形圆圆的像不像太阳？"朵朵大声说："像太阳。"我接着说："如果我们再加上几笔，就更像了。"然后一边说一边用彩笔在圆的四周画上几道线，表示阳光之意，就这样，朵朵的兴趣一下子就被调动起来了。她马上指着一条弯弯曲曲的线条说："毛毛虫。""嗯，我觉得挺像，如果再给毛毛虫加上几条腿就更像了。"说罢，我握着朵朵的手引导她在毛毛虫的一侧画上了腿。

2岁左右的宝宝特别喜欢画画，如果爸爸妈妈和宝宝一起添画，就会使简单的涂鸦变得更有趣味性，而且还可以引导宝宝发挥想象力，将大脑中记忆的词汇说出来，有利于巩固宝宝语言基础和运用词汇的熟练程度。

随着宝宝画画水平的提高，妈妈可以在原有的基础上逐渐提高添画的难度，鼓励宝宝画一些较为复杂的线条，比如妈妈在纸上画一条小鱼，让宝宝在鱼的周围添一些波浪线表示水纹；妈妈画一朵花，让宝宝为它添上叶子；妈妈画一个圆圈，让宝宝看着妈妈的脸画上鼻子、眼睛等五官。

不知道大家有没有注意到，有时我们随便画一个图形，而宝宝可以把它想象成很多东西，比如大人在纸上画一个圆圈，宝宝充分运用自己丰富的想象力会把它画成太阳、橘子、苹果、花朵等各种各样的图形。所以，添画还可以培养宝宝的发散思维能力。

宝宝在添画之前，必须对原有的图画内容进行仔细地观察和思考，发现其中的“缺陷”或“不足”，在此基础上再进行补充。对于两三岁的宝宝来说，刚开始时添画可能有难度，爸爸妈妈可以在旁边帮助他或给予一定的启示。而宝宝在仔细观察、思考的基础上，需要在脑海中构思出整幅画的内容。如果没有充分的想象力，是很难进行下去的。所以，添画还可以培养宝宝的想象力。

在平时，爸爸妈妈就要有意识地带着宝宝去户外观察一些在家里不能学习到的东西，开阔宝宝的视野，诱发他观察事物的兴趣。只有见得多了，宝宝才能将那些乱七八糟的涂鸦变成各种各样的图形，并将自己脑海中对某个事物的印象注入所画的图中，并且注入自己的情感，再通过绘画用语言来表达自己的想法。这对锻炼宝宝将语言表达得完整、丰富、生动有趣也有着很大的作用。

一天去公园里散步，正好遇上一群鸽子在小广场上啄米。回到家里后，我在图画本上画了一只鸽子，然后对朵朵说：“鸽子最爱吃米了，它现在饿了，正在找米，你快给鸽子画上米吧！”大概鸽子吃米的情景朵朵记忆犹新，她拿起彩笔很快在鸽子的嘴下方画了六七粒米，很有成就感地说：“妈妈，我给小鸽子撒了好多米。”我点点头说：“是呀，朵朵真是个好孩子。”朵朵接着又说："小鸽子吃了米以后就不会饿了，就能在天上高兴地飞了。"也许这就是朵朵在看到鸽子啄米的情景时内心所想到的吧。通过我的引导和交流，朵朵用语言很完整地将自己内心的想法表达了出来。所以说，和宝宝一起添画，不仅可以培养宝宝画画的能力和思维能力，而且只要爸爸妈妈所用的方法正确，让宝宝表达出内心复杂的想法也是完全可能的。

教宝宝添画，除了用彩笔在纸上添画之外，还有很多种方法，如将添画在毛线画中应用；将添画在吹画中应用；将添画在手印、指印画中应用等。宝宝学添画不是像"复印机"一样的模仿，而是要充分发挥自己的想象力，要让宝宝的画变成一幅五彩斑斓的图画。而想象力不是生来就有的，是后天开发的结果，它是完全能够培养的一种能力。因此，爸爸妈妈一定要用心来启发宝宝的想象力，培养一个思维活跃的宝宝。

在和朵朵玩添画时，我所用的方法是多种多样的，不过朵朵最喜欢的就是用小手指印添画。朵朵先把小手蘸满颜料，然后在纸上尽情地按压手印，并尝试连续按压、顺时针按压、用手背来按压、五指并拢按压、两手并列按压等多种按压方法。在朵朵兴趣高涨时，我会及时地提问："朵朵刚才按压出来的图画像什么？"朵朵望着每一幅自己创造出来的画，一个一个地指给我说："这个是小鸡，这个是孔雀，这个是大象……"我用很期待的表情欣赏着朵朵的画，然后说："这幅画不错，像一只正在开屏的孔雀，但是如果把孔雀的腿和头画上就更像了。"经过我的提示，朵朵马上用蘸满颜料的小手为孔雀添上腿和头。

在和朵朵一起添画的过程中，我体会到宝宝的悟性其实是非常高的。只要爸爸妈妈在其身旁稍加引导，便能激发出宝宝如泉涌般的思绪，这些思绪又为宝宝说话准备了大量的素材。

妈妈有话说

宝宝想象力的发展离不开语言的支持，其语言表达能力的提高也要以想象作为支撑手段。在生活中家长与宝宝一起添画，应将绘画与语言有机地结合起来，让二者相互补充、相互融合，以绘画带动语言能力的发展，以语言促进绘画水平的提高。

专家方案

宝宝在绘画的过程中，常常会情不自禁地边说边画，仿佛画中的大自然、人物都是他的朋友，这一举动对宝宝的语言能力、想象力的发展都有帮助。

一是爸爸妈妈要给宝宝创造乱涂乱画的空间和机会，让其在画画的过程中发展手眼协调能力。

二是爸爸妈妈要在图纸上引导宝宝添画。

三是爸爸妈妈要多带宝宝到户外观察大自然中形形色色的事物，为宝宝添画准备更多的素材。

四是爸爸妈妈要变着花样和宝宝一起添画。

小动物们来聚会

每次逛街回来，我都会给朵朵买一两件毛绒玩具。时间长了，家里的一角就堆满了各种各样的毛绒动物，有猴子、鸡、鸭、鸟、牛、狗、猫、羊、青蛙、金鱼、老虎、狮子……朵朵对这一堆毛绒玩具特别感兴趣，经常会坐在它们中间嘴里自言自语、嘀嘀咕咕说个不停。

其实，从宝宝很小的时候，他就开始对小动物产生了好奇和兴趣。宝宝会喜欢玩动物玩具，喜欢听关于小动物的故事。到了两三岁，宝宝的感知和认识能力都有所发展并继续深化，他会把注意力集中在更深层次的玩耍和游戏中，并且能够从中得到无限的乐趣。

一天家里来了一个和朵朵差不多大的小朋友。朵朵充分展示了好客的热情，带着小朋友玩她那堆各式各样的玩具小动物。忽然，朵朵大喊："妈妈，给我们讲个小动物的故事吧！"为了满足宝宝的兴趣和需求，我就给他们讲了一个《森林聚会》的故事。"有一天，森林里要举行一次聚会，小动物们都来到一个很宽敞的草地上。来参加聚会的动物好多啊，看起来好混乱，活动没法进行。所以，必须按照它们的类别给它们排一排座位，这样看起来就不会感觉很乱。那么怎样给小动物们排座位呢？请你们两位小朋友帮小动物们排一下座位好不好？"两个小家伙很高兴地接受了我这个建议，很快就把所有的动物进行了分类，只见这边放一堆，那边放一堆。我一看，它们并没有按照我的意思将动物分类，只是把一堆动物分成了两堆。

其实，出现这种情况很正常。一开始宝宝可能会毫无章法、毫无根据地将动物们分类，在他们的意识里只要将动物们分开就可以了。分好后，我问他们：“你们是按照什么给小动物分类的呢？”两个小家伙你看我，我看你答不上来。这时我有意给宝宝思考的时间，即使他们根本就思考不出什么也没有关系。我微笑着用柔和的语气对他们说：“现在我来给动物分类，看看和你们有什么不一样的地方。”接着我将小动物们按大小分了类，让他们仔细观察，有什么不同之处。这时朵朵先发话了，说：“这边的动物大，那边的小。”接着我又按几种情况进行分类，让他们说是按什么分的类。我一边引导一边让他们继续观察，说：“你们看，这边的小动物们有没有长翅膀啊？”“有。”“那边的呢？”“没有。”“它们有几条腿？”“两条。”“那它们呢？”“四条。”“它们在哪里飞？”“天上。”“那它们会不会在天上飞？”“不会。”经过我一连串的提问，引导宝宝认真观察并说出它们所观察到的不同，让他们明白，小动物们的特征、生活习性是不一样的。小鸟、小鸡、小鸭都长着翅膀，而小狗、小猫等长着四条腿；小鸟能在天上飞，小狗在地上跑等。两个小家伙你一言我一语，争先恐后地说着自己的答案，生怕对方抢在自己前面回答出来。这样宝宝不仅学会了很多知识，丰富了大脑里的词汇，而且在抢答的过程中，急于开口，加快思维的活跃度，对锻炼宝宝口才有很大的帮助。

平时爸爸妈妈和宝宝多玩给小动物分类的游戏，比如问他们绿色的小动物都有什么？四条腿的动物有哪些？哪些动物特别大、哪些特别小？让宝宝带着问题不断地探索、发现，教给宝宝怎样观察不同、怎样做比较、怎样理解差异，这样更能开动宝宝的脑筋以及培养其他方面的能力。渐渐地宝宝也会开始意识到，不同的小动物会有它们自己的特征，而这种观察和思考有助于培养他们大脑中正处于逐渐发展中的分析、理解能力，对以后说更复杂的句子有着促进作用。

给物品分类，不仅在游戏中可以丰富宝宝的语言环境，还可以培养宝宝的观察力、判断力以及启发他们的逻辑思维能力。所以爸爸妈妈要尽可能地为宝宝提供这样的条件，充分利用生活中的物品，如衣服、蔬菜、水果等，让宝宝分辨一下这些物品的颜色、大小等。

妈妈有话说

对于动物，宝宝是十分喜爱和熟悉的。喜欢看有关动物的动画片、图书，喜欢模仿它们的动作、声音，喜欢用画笔画出它们或可爱、或狡猾、或憨态可掬的样子，更喜欢讲动物之间发生的有趣故事。如果妈妈用关于小动物有趣的故事作为培养宝宝各种能力的道具，相信会起到事半功倍的效果。因为这样会使他们在一种非常轻松和愉快的情绪中来观察和理解游戏的内容。

专家方案

现代认知心理学认为：分类的能力是衡量智力的一个重要标志。宝宝掌握分类方法对于他们以后学会推理以及形成数的概念具有非常重要的作用。为了培养宝宝的思维能力，可以让他学会给各种物品进行正确的分类。

一是爸爸妈妈要选择宝宝比较熟悉的一类物品进行分类，如动物、水果蔬菜、图形等。

二是在分类的过程中，家长要注意引导、提示、启发宝宝。

三是爸爸妈妈要用不同的表达方式来表现“种类有差别”的含义，让宝宝感受到这些差异。

找出两幅图的不同之处

朵朵2岁时，我与宝宝一起玩“找不同”的游戏。最开始，朵朵找的是两幅图的不同之处。那天我准备了两幅很相似的图片，只是细节上略有差别。我先将一张图片放在朵朵的面前，问：“朵朵看，这幅画里有什么？”朵朵仔细地观察图片，然后大声说：“有小狗、树和太阳。”当朵朵一一把画面里的东西说出来后，接着我拿出另一张准备好的图片放到朵朵面前，让她继续观察这幅画里有什么。朵朵经过一番观察说：“还是小狗、树和太阳。”我将两张图片并排放在一起，说：“朵朵找一找这两幅画里有哪些地方不一样，然后告诉妈妈。”朵朵仔细、认真地对比两幅画，嘴里还不停地嘀咕着：这里有一个太阳，这里也是一个太阳；这有狗狗，这也有狗狗……经过一番对比之后，朵朵像发现了新大陆一样兴奋地说：“这里有花，这里没有。”一边说一边用手指指着两处不一样的地方。朵朵找出了一处不同，我马上在她的小脸蛋上亲了一下，说：“朵朵真厉害！找到了两幅画不一样的地方。”表扬后我继续说：“朵朵再仔细找找看，看还有没有不一样的地方。”朵朵听后，马上找了起来。大概过了几分钟后，朵朵还没有找出另一处不同。我心里清楚朵朵自己找不出来了，必须给予适当的提示。于是我在一旁引导朵朵：“朵朵看这幅画里大树上的小花是什么颜色的？”此时朵朵对颜色有了一定的认识，但并不能把所有颜色说出来，当然我只是略作引导，以引起朵朵的注意，让她发现这里的不同之处，并不会让她具体地说出是什么颜色。当朵朵把目光移向树上的小花后，我接着让她看另一张图片树上的小花是什么颜色。经过我这么一提示，朵朵恍然大悟，马上说："妈妈，这里也不一样。"我赶紧不失时机地为朵朵灌输一些关于颜色的信息，便指着画说："对呀，你看这朵花是红色的，这朵花是黄色的。"朵朵使劲地点点头，说："这是红色，这是黄色。"

朵朵在第一次找两幅画的不同之处的过程中，我准备了有两处不同点的画，其中比较明显的一处是朵朵自己找出来的，而另一比较细微的不同之处则是在我的引导和提示下找出来的。所以，在这里我想说的是：妈妈和宝宝玩"找不同"游戏时，如果宝宝找不出来，妈妈要在旁边慢慢地引导，如提示宝宝看看左边是什么动物，右边是什么动物；左边是什么颜色，右边是什么颜色；左边有什么，右边有什么……直到宝宝找到为止，而不是急着把正确的答案告诉宝宝。否则会让宝宝的大脑停止继续思考，其观察力也会减弱。

宝宝健康成长离不开各种各样的游戏，而"找不同"游戏有助于提高宝宝的手眼协调、逻辑思考、视觉辨别能力与耐力。更重要的是，在游戏的过程中，宝宝可以尽情地享受寻找的乐趣和成功的喜悦。

除了和朵朵专门做这个游戏之外，我还将"找不同"游戏融入到日常生活当中。比如我买回苹果和梨，会让朵朵从它们的形状、颜色、气味等方面进行观察，这样朵朵就了解了苹果和梨之间有什么样的不同。

朵朵3岁时，我们一起到郊外游玩，在一个老农家里，朵朵见到了刚孵出的毛茸茸的小鸡和小鸭子。以前朵朵只是在图片上看过，这是第一次见到真正的小鸡和小鸭子。她高兴得不得了，嘴里不停地说："小鸡，小鸡。"为了满足朵朵的好奇心，我带她走近小鸡、小鸭。在玩的过程中，我忽然灵机一动，何不让朵朵找一找小鸡和小鸭的不同呢？于是对朵朵说："朵朵告诉妈妈，哪只是小鸡，哪只是小鸭？"这个问题对于3岁左右的宝宝来说太简单了，所以朵朵一下子就辨认出来了。然后我继续问："小鸡和小鸭什么地方长得不一样？”朵朵蹲在地上仔细地观察，不一会儿就有答案了，说：“小鸡嘴尖，小鸭嘴扁。”我点点头肯定了朵朵的这一发现，还没等我再问，朵朵又指出另一不同处：“小鸡的身子短，小鸭的身子长。”我继续点头，夸朵朵观察得真细心。最后朵朵抬头看着我说：“妈妈，它们的脚也不一样。”哇，太出乎我的意料了，本来想着朵朵只要能找出一处不同就行，剩下的由我引导完成。没想到未经过我的引导，朵朵竟然独自找出三处不同的地方。

其实，朵朵找出这么多不同之处，和我在平时给朵朵的引导和提示是分不开的。几乎家里、户外能用来作比较的事物，我随时都会跟朵朵讲解它们的不同特点，以便让她更好地了解它们的不同之处，从而提高她对不同事物的认识，促进观察能力、认知能力的发展。

爸爸妈妈在给宝宝讲故事时，也可以让宝宝看一些不同的画面，并给他们讲一讲每幅画的不同之处；也可以给他们分析一下两幅有关联的画之间有什么不同，如第一幅画里有个小雪人，而第二幅画里小雪人不见了，只剩下一根萝卜。妈妈可以先让宝宝找不同之处，然后再巧妙地设置一些问题，如“小雪人去哪里了？”这样不仅可以锻炼宝宝的观察能力，同时对培养宝宝的想象力也有一定的帮助。宝宝也许说：“小雪人去奶奶家了。”也许说：“小雪人找其他伙伴玩去了。”这些丰富多样的回答，会使宝宝的语言能力逐步提高。

所以，通过玩“找不同”游戏，不仅能锻炼宝宝的观察能力，还能培养宝宝分辨能力、思考能力以及语言表达能力，更好地促进宝宝智力的均衡发展，让宝宝在游戏中变得更加聪明，同时也为宝宝今后的阅读做一个很好的铺垫，可谓是一举多得的好方法。

妈妈有话说

宝宝在成长的过程中，离不开各种各样的游戏，在玩的过程中宝宝的综合能力才会得到更大的发展与提升。而“找不同”游戏对宝宝的手眼协调能力、逻辑思维能力、视觉辨别能力都有好处。更重要的是，在游戏的过程中，爸爸妈妈参与到游戏中可以让宝宝尽情地享受“找不同”游戏所带来的乐趣和成功的喜悦，让宝宝在游戏中变得更加聪明。

专家方案

辨别两个事物不同之处的能力在宝宝很小的时候就具备了，随着年龄的增长以及身心的发育，宝宝的观察、认知能力会得到显著的发展，这也表现在他们对各种不同事物的辨别能力上。因此，家长在平时要有意识地让宝宝找出两个或者两个以上物品在形状、颜色、声音、气味、性能等方面的不同之处，这对宝宝观察、认知能力具有极大的提升作用。而且他们会将这些不同之处经过大脑转化成语言表达处理，对提升其语言能力也是有帮助的。

一是爸爸妈妈要注意引导宝宝从两幅相似的图画中找出不同之处，要遵循由简单到复杂的规律。

二是爸爸妈妈要注意在生活中引导宝宝多观察、多比较，并鼓励他们用语言表述出来。

小小主持人

朵朵一天天地长大了，会说的词汇、句子也越来越多了。在培养朵朵语言表达能力方面，可以说我下过很大的工夫，但总地来说基本上都是在生活中、在让朵朵玩的过程中学习到更多的词汇，逐渐提高其语言的表达能力的。在众多的训练、培养方法中，让朵朵在家里做小主持人就是其中之一。

通过让朵朵扮演主持人这个角色，可以逐渐提高她语言表达的连贯性。同时，还可以发现她语言表达上的不足之处，引导她把语气融入到所表达的话语中，尽可能地把语言的魅力展现出来，使语言表达得更生动，更有感情色彩。

在生活中，让宝宝扮演小主持人的机会还是很多的，爸爸妈妈可以给宝宝创造更多的机会。锻炼的机会多了，宝宝的语言表达能力自然会越来越好。

朵朵能完整地说出一个长句以后，我和老公就商量着每个星期六的晚上，全家成员开一个家庭总结会，把一周的生活做一个总结，争取让家里的每一位成员都有机会说话，可以总结自己在这个星期学习到了什么，或者这个星期遇到了什么困难，或者谈谈对自己所经历的事情的切身感受，或者这个星期自己做错了什么，今后怎样改正等。只要是自己在这个星期所遇、所感、所做的事情都可以在家庭总结会上说出来，内容丰富且多变。但是朵朵当这个会议主持人的身份从来没有变过，这也是我和老公精心安排的。

每到星期六吃完晚饭后，朵朵就会迅速地把我和老公召集在一起，让我们坐在沙发上，然后她自己搬一个小板凳坐在我们的对面。一切准备就绪之后，她就会宣布："会议现在开始！"会议开始后，朵朵首先要在我和老公的引导下对这个星期家里发生的事情做一个简要的概括和回顾。记得有一次，朵朵先让我和老公两个人各自对自己这一周所做的事情进行回顾，我先说："这个星期一，我把脏沙发套洗干净；这个星期五，我做饭时不小心打碎一只碗。"我说完了，该轮到老公进行回顾了："我这个星期三把坏了的椅子腿修好了；星期四在床上抽烟，不小心把床单烧了一个洞。"然后轮到朵朵发言了，只见她用稚嫩的声音说："星期一，我画了一张画。"说完后，朵朵的思路似乎卡壳了，想不起自己干了什么了。于是我提醒说："朵朵每天晚上几点睡呀？"朵朵马上眼前一亮，说："这个星期我都是很早就睡觉了。"我和老公点点头，说："是呀，朵朵每天都是按时睡觉的。"我接着引导说："朵朵这个星期还做了什么呢？"朵朵想了想说："帮爸爸洗袜子。"

三个人都对这周的事情做了回顾之后，就由朵朵进行总结。朵朵在我和老公的引导下，将家里发生的事情总结了一下，比如在爸爸的引导下，总结出："这个星期椅子腿坏了，爸爸把它修好的，值得表扬；爸爸在床上吸烟，把床单烧了，是不对的。"在我的引导下，又将我的"事迹"一一地总结出来："沙发套脏了，妈妈洗干净了，是个好孩子；妈妈做饭时，不小心摔坏一个碗，下次要注意了。"最后在我和老公的共同引导下，将自己的"事迹"总结为："这个星期我画了一张向日葵的画，这个星期我每天都按时上床睡觉。"

朵朵在我和老公的引导下，断断续续地将这个星期家里每个人的"事迹"回顾完之后，便主持说："下面，爸爸、妈妈和我分别对这个星期做个总结。"然后我发问："谁先说呀？"朵朵说："爸爸先开始吧。"朵朵安排好之后，老公就开始对这个星期所发生的事情进行总结，说："这个星期没有洗袜子，这样做是不讲卫生的表现，没有起到表率的作用。这种行为是很不好的，以后会勤洗勤换袜子，绝不会让这种事情再发生。”轮到我说：“这个星期做饭时，不小心把碗摔在地上打碎了，这样不仅造成资源浪费，而且表现出我干活粗心大意，以后一定会注意。”就这样我和老公总结了自己的过失和教训。轮到朵朵了，朵朵说：“我画了一幅画，以后还要画很多画。”停了停，想了想，朵朵又说：“我每天按时睡觉，以后也要按时睡觉。”

会议最后，朵朵还会在我们的引导下做一个总结，如爸爸要对错误及时改正，妈妈以后做事要认真，朵朵继续努力……

一个人的语言组织能力、表达能力、分析概括能力并不是一朝一夕就可以锻炼出来的，有的人也许一辈子这方面的能力都很欠缺。我们给朵朵提供做主持人这个机会，就能很好地锻炼她在这几个方面的能力。这样做不仅可以让她在我们面前说话，而且还可以在我和老公的引导下对我们所说的话进行总结分析，这对锻炼宝宝的语言表达能力很有作用，是做其他游戏所无法替代的。虽然，朵朵在主持的过程中，不能将许多话连贯地组织起来，但是这个阶段她已经能用完整的句子进行表达了。在爸爸妈妈的引导和提示下，做好这个主持人并非难事，而且经过不断的练习，她会做得越来越好的。

当然，刚开始让宝宝做小主持人时，他肯定会摸不着头脑，不知该如何做。这就需要爸爸妈妈先给宝宝做个示范，自己做一次主持人让宝宝学习，等宝宝掌握了门道之后，就可以拱手让给宝宝了。

在宝宝做主持人的过程中，有时候语言表述跟不上思维节奏，会出现“卡壳”的现象，比如说完一句话之后就想不起后一句话，在想词的过程中会有“嗯”“啊”“呃”“然后”等口头语。宝宝出现这种情况后，爸爸妈妈千万不要从中打断，要给宝宝足够的思考时间。但也要注意及时地引导和纠正，尽量让宝宝减少说这些口头语的机会。因为口头语使用过多就会使宝宝养成习惯，一出现“卡壳”的现象，就会用这些口头语来代替，时间一长养成习惯，在日后的表达中就会变得不流畅，表述不清。

随着宝宝语言表达能力、语言组织能力以及语言理解能力的不断加强，爸爸妈妈可以由引导主持渐渐地过渡到完全放手让宝宝全面主持，给宝宝一个更好的锻炼机会。另外，在宝宝主持的过程中，还有一个问题就是他说话好似念流水账一样，既没有语调也没有面部表情。对于这一点我觉得爸爸妈妈应该在平时教宝宝说话时注意语调，比如爸爸妈妈和宝宝说话时尽量用抑扬顿挫并带有情绪化的语气说话：表扬时微笑着用兴奋的表情、高一点的声调说；批评时可表情严肃，甚至皱眉，故意压低声音说……曲折起伏、不断变化的声调才会让语言变得丰富多彩、富有感染力。既然宝宝是家庭会议的主持人，所以在主持时就应该有丰富的面部表情和抑扬顿挫的声调，这点就需要爸爸妈妈告诉宝宝该怎么去做，怎样才能真正当好小主持人。

我见过很多宝宝，有的见到生人后很害羞不敢说话，甚至会藏到妈妈的背后；有的宝宝胆子很大，但是说起话来总是结结巴巴，表达不是很好。大概是在家里锻炼的机会比较多，朵朵说话时语言的表达能力、连贯性以及语气运用都非常棒，不论是在陌生人面前还是在亲朋好友面前从不会害羞胆怯，说话也是底气十足、大大方方。所以，爸爸妈妈要想培养一个能说会道的宝宝，不妨让宝宝做一做主持人，给他多说话的机会。

妈妈有话说

2 岁以前，宝宝还不能将一句完整的话说清楚，还是喜欢用一两个字来表示一句话的意思，这时很多家长就会很急躁，急着让宝宝把话说清楚。其实，这样会适得其反，往往会使宝宝更加紧张。所以，爸爸妈妈在生活中应该尽量将话说完整，以便宝宝更好地模仿。

专家方案

在生活中，爸爸妈妈要尽可能多地为宝宝提供锻炼说话的机会，增强宝宝的语言表达能力，而宝宝学当主持人，可以培养宝宝语言表达的连贯性，促使宝宝更能说、更敢说，但同时也要注意以下几点：

一是爸爸妈妈要尽量避免宝宝在主持过程中过多地使用口头语。

二是爸爸妈妈要注意培养宝宝说话的语境意识，做到语言要和语境相结合。

三是爸爸妈妈要引导宝宝在众人面前讲话时做到面部表情、语气、语调相协调。

第四章 多唱

——宝宝唱得出来就能说得出来

宝宝出生时的第一声啼哭，就是他来到这个世界说出的第一句话！ 之后，家长应与宝宝多“对话”，引导宝宝多说话。 有些爸爸妈妈可能不知道跟宝宝说什么好，其实与宝宝有着说不完的话。 本章将教给家长朋友们一种新的语言开发形式——唱，多给宝宝唱一些好听的歌谣，他便能通过感受音高、旋律的变化，从而对语言和声音产生更为浓厚的兴趣，在潜移默化中，宝宝的语言表达能力也会得到很快的提高。 所以说用唱歌这种宝宝乐于接受的形式培养其语言表达能力，是最有效的途径之一。

宝宝为爸爸妈妈打节拍

为了提高朵朵欣赏及歌唱的能力，从朵朵三五个月开始，我就经常为朵朵有节奏、有规律地拍手，拍手的节奏是：××/×××/××/×××，这是比较简单的拍手节奏。每次拍手时，朵朵就会竖起小耳朵认真地听，眼睛看着我不断拍动的手掌，如果我边拍边移动手掌，她的视线就会随着我的手掌不停地移动。

最初，我是从简单的节奏开始让朵朵感受，随着朵朵对周围事物认识的不断增加，我拍节奏的难度也有所提升，而且还会经常变换不同的节奏拍给朵朵听。有趣、丰富、变化不断的节拍很容易提高朵朵的学习兴趣，有时候她还会跟着我的节拍晃晃手臂，蹬蹬小腿。虽然宝宝很小，但有规律地打节拍，可以让他在潜意识里感受，也可以为宝宝将来学习唱歌打下好的基础。

在培养宝宝的节奏感时，爸爸妈妈要运用正确的教育方法，耐心启发诱导宝宝，不挫伤宝宝的自信心和自尊心，并遵循由易到难的原则。

朵朵七八个月时，我和朵朵面对面坐在宽大的床上，然后我用抑扬顿挫、很有节奏感的声音对朵朵说："朵朵仔细看，朵朵仔细听，看看妈妈做什么，听听妈妈说什么。"我记得当时我一边有节奏地拍手，一边唱着《拍手歌》："你拍一，我拍一，一个小孩穿花衣；你拍二，我拍二，两个小孩梳小辫；你拍三，我拍三，三个小孩吃饼干……你拍九，我拍九，九个小孩交朋友；你拍十，我拍十，十个小孩站得直。”在我边拍边唱的过程中，朵朵表现得相当兴奋，一会儿拍着自己的小手似乎要学我拍，一会儿用小手抓住我的手似乎要我教她拍，嘴里“咿咿呀呀”叫个不停。在着急的时候偶尔还会发出“mɑ-mɑ”的音，看来宝宝急着想要表达自己的意愿呢。

宝宝在1岁前，爸爸妈妈要有意识、有目的、有计划地让宝宝聆听一些有节奏感的儿歌，使宝宝尽早感受节奏带来的乐趣，促使他尽早地开口“唱歌”，同时还可以培养宝宝对音乐的感悟能力，这也是给孩子进行启蒙式的艺术熏陶。

其实，在宝宝出生两三个月后，他就已经对声音产生兴趣了。任何声音都可以引起宝宝的注意，而且他已经开始对音乐的节奏、节拍、旋律有一定的吸收能力，如让宝宝随着音乐拍打身体部位，可以增加宝宝的控制能力，还有助于宝宝建立并发展发散性思维。另外，通过有节奏地拍打身体，还能增加宝宝对手臂肌肉的控制能力，更好地完成大动作。所以，从宝宝两三个月的时候开始，爸爸妈妈就应抓住机会，多制造一些有节奏感和韵律感的声音让宝宝感受。

随着朵朵一天天长大，节奏感和语言表达能力逐渐增强，每当听到电视里放儿歌时，朵朵都会不由自主地、有规律、有节奏地拍起来，有时还用踏脚、拍胸、拍腿的方法给音乐伴奏，嘴里则更是念念有词。每当这时，我就会参与其中，和她一起边说边拍，帮助她更好地掌握节奏，提高语言的表达能力。

拍手说儿歌和唱歌是我们家经常玩的游戏之一，有时候是我们为朵朵打节拍，有时候是朵朵为我们打节拍。

朵朵在1岁8个月时已经能说好多短句和词语了。一个星期天她和爸爸在玩打节拍的游戏时，老公用欢快的声音唱着：“小燕子，穿花衣，年年春天来这里……”朵朵坐在爸爸的对面，看着爸爸的口型，跟着爸爸的声音，有节奏地拍打着小手为爸爸打节拍呢，拍手的同时还不断地左右扭动着身体，摇晃着小脑袋，似乎很享受那一刻。爸爸唱完了，该轮到爸爸为朵朵打节拍了，朵朵又开始用她那稚嫩的声音丢词落句地唱起《小燕子》这首儿歌。在朵朵唱的时候，老公的节拍始终与朵朵的声音保持一致，似乎很有默契。

一段结束了，父女俩又开始你一下我一下互相拍起来，嘴里一起说着："你拍一，我拍一……"刚开始慢慢地拍，慢慢地说，越往后说得越快，拍手的节奏也越快。偶尔跟不上节拍，父女俩就会爆发出一阵哄笑。玩得其乐融融。

除了和宝宝玩拍手打节奏的游戏外，爸爸妈妈可以每天适当地让宝宝接触"打击乐"，如让宝宝用小棍敲打不同的物体，也能有效增强宝宝对节奏感的认识和协调能力，促进宝宝在体能、情感等方面的发育。

妈妈有话说

音乐可以促进宝宝的肢体、感官、情感、人际、认知、语言等方面的发展，为宝宝今后创造性学习打下良好的基础。更为重要的是，要想利用音乐促进宝宝各方面的发展，需要家长把音乐与游戏巧妙地结合起来，以提高宝宝的学习兴趣。另外，家长每天适当地让宝宝拍拍手，能有效增强宝宝对节奏感的认识以及锻炼他的协调能力，促进宝宝在体能、情感等方面的发育。

专家方案

研究发现，节奏感强的音乐对激发婴幼儿的语言潜能有着非常大的帮助。每天让宝宝随意地拍手、跺脚和拍打身体各部位"演奏"出不同的节奏，不仅可以有效地锻炼宝宝对手臂肌肉、腿和脚的控制能力，更好地完成大动作及精细动作，还能激发宝宝对学习歌词、练习说话的兴趣。

一是爸爸妈妈要有意识、有目的、有计划地让宝宝聆听、感受一些有节奏的声音，培养宝宝的节奏感，刺激语言发展。

二是爸爸妈妈要多制造一些有节奏感和韵律感的声音让宝宝感受，比如经常给宝宝拍手打节奏听。

三是家长除了制造出一些声音外，还可以利用媒介让宝宝感受音乐节奏，如电视、广播、录音机等。

四是家长可以和宝宝一起玩有节奏的游戏，如拍手游戏。

绕口令绕出好口才

每一对爸爸妈妈都希望自己的宝宝在将来有很好的口才。那么，怎样才能让宝宝练就好口才呢？这也是令很多爸爸妈妈头疼不已的事情。

育儿专家指出：绕口令是一门特殊的语言艺术，对宝宝的语言及思维发展具有极大的促进作用。它不仅能有效地锻炼宝宝的口才，增强宝宝的记忆力，还能培养宝宝的反应能力。但是要教会宝宝说绕口令可并不是一件容易的事情。

我们第一次给朵朵说绕口令完全是一次意外。朵朵 18 个月时，一天晚上因为玩得很开心，到晚上十点多了依然不睡觉。我将沙发上的抱枕抱到床上玩盖房子，她一会儿钻进去，一会儿钻出来，我在一旁协助她玩。我问老公几点了，老公说："十点四十。"因为老公四和十的发音分不清，将四和十都念成了"si"。他这么一说一下子激发了我的灵感，让我想起了"四是四，十是十"这个绕口令，就随口说给朵朵听。我说完之后，朵朵依然在玩盖房子。于是我和老公又在一旁说起了"吃葡萄不吐葡萄皮，不吃葡萄倒吐葡萄皮"。没想到朵朵乐得"咯咯"笑了起来。起初我还不能确定朵朵是不是被绕口令逗乐的，于是又说了一遍，没想到她又大声地笑起来。我也跟着乐，心里更乐，看来朵朵真的是被绕口令逗乐的。

过了一天后，朵朵主动要求我念绕口令给她听，这个要求也出乎我的意料。难道女儿对绕口令感兴趣？在以后的日子里我常常注意观察朵朵的举动，她竟然在玩耍时嘴里还说着绕口令。虽然朵朵发音不准确、句子说得不完整，但我的心里窃喜，决定正式教朵朵说绕口令。

经常说绕口令，对提高宝宝的语言表达能力的确很有效，而且还可以让宝宝的思维更具敏捷性、灵活性和准确性。虽然让宝宝学绕口令益处多多，但是绕口令一般字音相近，极易混淆，要想说得既快又好，没有快速的思维、良好的记忆、伶俐的口齿，是很难做到的。这点我是深有体会的，有时候说着说着嘴似乎不由自己掌控，就说错了。大人如此，更何况是刚学会说话不久的宝宝呢。所以，爸爸妈妈在教宝宝说绕口令的过程中一定要有足够的耐心，更重要的是宝宝要对念绕口令感兴趣，切不可随波逐流、人云亦云。家长强迫宝宝去学，不但提高不了宝宝的语言表达能力，反而还会引起宝宝的反感和抵触情绪，进而阻碍宝宝语言的进步。

在选择绕口令上，我也下了一番工夫，因为朵朵正处于语言发展的关键时期。在此过程中，由于宝宝还不能很有效地控制口腔肌肉，所以会出现很多音发不准、没有声母，甚至不会发音的现象，如我见过的宝宝中，有的宝宝发不好舌尖前音 z、c、s 和舌尖后音 zh、ch、sh；有的宝宝发不好鼻音“n”与边音“l”等。这就需要爸爸妈妈要根据宝宝在发音上的难点及问题，选择合适的绕口令。

通过我细心地观察发现，朵朵最严重的问题和她爸爸一样——分不清舌尖前音和舌尖后音，所以我在选择绕口令时重点放在这个问题上。

朵朵最喜欢说的一个绕口令就是《柿子和狮子》。我先给朵朵示范着念一遍，让她对这个绕口令有所了解，以保证在接下来的学习中不会是一头雾水。我用很响亮的声音念：“柿子树上结柿子，柿子树下站狮子。狮子跳起摘柿子，柿子落下打狮子。不知是狮子摘到了柿子，还是柿子打着了狮子。”

在念这个绕口令前，还有一个小环节，那就是事先准备了一张狮子和柿子的彩图，这样做的目的就是让朵朵做到心里有数：我们念的这个绕口令是与柿子、狮子有关的。

我完整地念完几遍后，朵朵对这个绕口令也比较熟悉了。于是，我和朵朵就我念一句，朵朵念一句说起来。刚开始学习绕口令时，朵朵出现的问题真不少，发音不准、丢词落句、舌硬齿僵、气息不匀等问题都存在。这个时候妈妈要做的就是一定要有耐心，慢慢引导宝宝克服这一系列问题，一次不熟，可以分两次、三次……直到学会、背熟为止。而且每次宝宝有进步时要给予肯定和表扬。因为妈妈是宝宝最信赖的人，有了妈妈的肯定，再难宝宝也会有信心继续学。

在教宝宝学习绕口令时应该注意以下几点：

一是吐字清晰、发音准确。这是绕口令最基本、最重要的要求。同音异调、字音相近、叠字重句是绕口令的鲜明特色，稍不注意就会出现发音错误。因此，在教宝宝时，妈妈的示范音一定要准确无误。为了调动朵朵学习绕口令的积极性，我将她每次说的绕口令都录下来，然后再放给她听。鼓励她自己来总结，哪儿说得好，哪些地方还掌握不准。

二是循序渐进。教宝宝说绕口令，一定要一步一步来，千万不可操之过急。对宝宝来说，学说绕口令无外乎练唇舌、练语言、练记忆、练思维，只要宝宝说得流利、清晰，能够让人听懂且语速较快即可。如果一味求快，会使宝宝为了求语速快，说出口的全是咿咿呀呀的模糊音，不仅对宝宝的语言发展没有帮助，而且还会增加宝宝的心理压力，这样就背离学习的初衷了。

初教朵朵学说绕口令时，我念的每一句甚至每一个字都特别慢，先让朵朵听清楚每一个字的发音，然后再让朵朵慢慢地说，甚至可以一个字一个字地说，等她把每一个字音都说得准确无误，把每一句话都说得清楚连贯后，我再逐渐加快语速，这样效果非常好。所以，爸爸妈妈想更好地做到这一点，不妨采用分解的办法教宝宝说出节奏感。

三是勤于练习，坚持不懈。宝宝也有惰性，学习时间长了就失去新鲜感了，妈妈就得想出一些办法让她继续学习。比如，在平时妈妈可以和宝宝一起练习，互相纠正发音错误，使宝宝的吐字发音更为准确清楚，这也会激发他的兴趣。

在家里，我经常组织全家人共同演练，各自准备一个绕口令，然后看谁说得又快又准确。这样做一方面可以锻炼朵朵的口才，而另一方面可以满足她的表演欲望。因为宝宝把绕口令练习到一定程度后，特别希望在别人面前展现，期望得到他人的赞许。根据朵朵的这一心理，我还经常鼓励她在叔叔、阿姨、小伙伴面前大胆表演绕口令。通过这样的方法很容易激起宝宝的好胜心，既可以锻炼他的胆量，也可以增强他的自信心，同时绕口令也会说得越来越好。

妈妈有话说

很多家长都希望自己的宝宝每天叽叽喳喳说个不停，希望他妙语连珠、对答如流，其实这并不是一件难办的事情。在宝宝学习语言的关键时期，家长一定要和宝宝多交流，鼓励宝宝多说话，让他在模仿、学习的过程中学会说话。除了与宝宝的日常交流之外，采用游戏的方式也是提高宝宝语言能力、积累词汇的好方法。绕口令作为一门特殊的语言艺术，对宝宝的语言及思维发展具有极大的促进作用。它不仅能有效地锻炼宝宝的口才，增强宝宝的记忆力，还能培养宝宝的反应能力。所以，在教宝宝说话时不妨和宝宝多玩说绕口令的游戏。

专家方案

说到语言艺术就一定少不了绕口令，绕口令不但对发音有严格的要求，而且对思维能力也有一定要求。培养宝宝说绕口令不但能提升宝宝的语言表达能力，还能提高宝宝的反应能力和思维能力。为了让宝宝喜欢上绕口令并记住这些词，激发兴趣，需要一些小技巧。

一是爸爸妈妈要选择适合宝宝学习的绕口令，如根据宝宝常出现的发音错误对绕口令进行取舍。

二是爸爸妈妈在教宝宝学习绕口令时要做到：吐字清晰，发音准确，循序渐进。

三是爸爸妈妈应该与宝宝共同演练绕口令，以增强宝宝的信心。

把古诗唱出来

朵朵2岁10个月时，我已经为她上幼儿园开始积极做准备了。为了让她对幼儿园有个了解，我专门腾出时间带着朵朵到离家最近的幼儿园里看一看、转一转。记得有一天，我们到幼儿园玩，正巧遇到一位老师在教小朋友们背唐诗，而且仅用了一会儿的工夫，小朋友们竟然记住了三首唐诗。令我意想不到的是：这位老师运用的方法不是背而是唱。

据说这位教小朋友们唱古诗的老师是音乐学院毕业的，为了让小朋友们更快更好地记住古诗，她想出了给古诗谱曲的主意。经过大概一个多月的潜心琢磨、研究，她终于将十多首唐诗编成了十多首好听的歌曲。我和朵朵去的那天下午，正是她将编好的古诗歌曲唱给幼儿园里小朋友们的时候。

只见老师一边弹钢琴，一边唱："床前明月光，疑是地上霜。举头望明月，低头思故乡。"小朋友们在老师的带领下，也一句一句地唱起了这首改编成歌曲的《静夜思》。唱过几次之后，老师觉得小朋友们唱得太没有感情了，就好像是在念流水账一样，于是马上进行纠正。虽然老师看起来很严肃，但是口气却很和蔼，她说："小朋友们知道吗？这首诗啊，说的是对家乡的思念之情。你们想一想，如果让你们离开爸爸妈妈到很远的地方，会不会想爸爸妈妈呀？"小朋友们异口同声地说："想！"经过老师这么一说，小朋友们的兴趣和感情被调动起来了，唱古诗的声调也变得抑扬顿挫起来。短短的时间里，老师就用这种唱的方法教会小朋友们《静夜思》《春晓》《登鹳雀楼》这三首古诗。

朵朵也把这三首古诗给记住了。这段幼儿园的游玩经历让我受益匪浅。经过我和那位老师深入的交谈了解到，其实用唱的方法教宝宝学习古诗比死记硬背更有效，更能激发宝宝的兴趣，宝宝记起来也更快。

在那位幼儿园老师的启发下，我回去后把适合朵朵学习的古诗挑选出来，然后按照自己的想法将它们编成歌曲，然后隔几天教朵朵唱一首古诗。

很多爸爸妈妈觉得教宝宝背古诗是件很有意义的事情，也很努力地去教。所以，在教宝宝背诗的时候，我见过有的爸爸妈妈因为信奉“书读百遍，其义自见”，于是只是一味地让宝宝去背诵；也有很多爸爸妈妈认为古诗的意境妙不可言，只有在不断地吟诵中，各人才能品出不同的感受来，于是放任宝宝自由散漫地去读。当然，这些方法都有一定的道理，但却都忽略了一点：宝宝毕竟只是宝宝，学习古诗不仅仅是为了培养宝宝的语言能力和记忆能力，也要培养宝宝对古诗的喜爱，渐渐地让他领悟古诗中所表达的文学意境。因此，在初步学习古诗的过程中，唯有爸爸妈妈不断地启发引导，宝宝才能渐渐品味这种中国传统文化的意境。

在教朵朵《春晓》这首古诗时，第一句“春眠不觉晓”中，一个“眠”字，一个“晓”字，如果我不和朵朵解释它们是什么意思的话，她肯定不知道“眠”就是“睡觉”，“晓”就是“天亮”的意思。于是我便将这句古诗翻译给朵朵听，让她明白原来“眠”就是睡觉的意思，“晓”就是天亮的意思，而这句诗的意思就是“春天的夜晚一直甜甜地睡到天亮”；第二句“处处闻啼鸟”中的“闻”就是听到的意思，“啼”就是叫的意思，整句诗的意思就是“醒来时只听见窗外一片鸟叫声”。这样在朵朵完全理解了这首古诗中每个字、每个词、每个句子的意思后，背诵起来就会更加轻松了。

另外，我还注意到朵朵用咏唱法学会若干首古诗之后，就会出现胡乱拼凑的现象，比如上句唱“锄禾日当午”，下句就变成“处处闻啼鸟”了，而且每次唱起来都乐此不疲，似乎是存心这样唱古诗的。在其他小宝宝当中，我也见过这样的情况。每当这时，很多爸爸妈妈就会很着急，甚至斥责宝宝捣乱。但我觉得这样其实也挺好的，胡乱拼接诗句正说明宝宝对诗句有了一定的理解了，正想办法试图探索它们的奥秘呢。

每次朵朵将诗句胡乱地拼凑在一起唱时，我就表扬她说：“哇，朵朵太厉害了，竟然能编出诗来了。”“你看，妈妈觉得你这句诗的意思是这样的：农民伯伯在锄地，太阳当头正是中午，到处可以听到小鸟的叫声。是不是呀？”经过我这么一说，朵朵高兴得不得了，很是得意地说：“是啊！”因此，爸爸妈妈对于宝宝的这种行为非但不应该斥责，更要帮助他拼好接好。

古诗的奥妙与优美是值得我们细细品味的，和宝宝一起背古诗，唱古诗，能打好宝宝的语文基础，提升语言能力，陶冶文学情操。

妈妈有话说

古诗具有音韵优美、意境美妙、语言凝练的特点，在教宝宝咏唱的同时还可以使宝宝欣赏到一幅幅富有色彩和流动感的画面，让宝宝感受意境美、语言美、情感美，引起强烈的情感共鸣，提高他的审美能力。而且在潜移默化中还能激发宝宝的情感，丰富宝宝的知识。所以，爸爸妈妈想要提高宝宝的语言能力，丰富宝宝的词汇，增强宝宝的认知能力，那就赶快找一些适合宝宝学习的古诗，和宝宝一起咏唱吧！

专家方案

教宝宝把古诗唱出来，要比死记硬背更有效，更能激发宝宝的兴趣。在唱的过程中不仅能够锻炼宝宝的语言表达能力，而且也能促进其综合智力的发展。因为只有经过记忆、想象、思考等智力活动后，才能形成语言表达出来。找到正确的方法让宝宝饶有兴趣地熟读、背会古诗，对他们提高语言能力大有裨益。

一是爸爸妈妈要迎合宝宝的兴趣，用咏唱的方式教宝宝背古诗。

二是由于宝宝学习古诗要在理解的基础上记忆，这就需要爸爸妈妈给宝宝用通俗易懂的语言解释诗中难懂的字、词、句。

三是爸爸妈妈不要阻止宝宝在咏唱古诗时的胡乱拼凑，这正是他提高语言能力、发挥想象力的好时机。

宝宝快来唱首歌

我认为唱歌对宝宝来说并不是一件难事，宝宝听得多了自然就学会了，就会自发地唱出来了。在我们家里，有事没事的时候，就会用CD放一些小朋友喜爱的儿歌给朵朵听。

朵朵2岁时的一天，我回到家里忙着做饭，让朵朵自已玩。忽然，一阵美妙的童声传入我的耳朵里，我赶紧把头伸出去一看，原来是朵朵一边玩小鸟的玩具，一边用稚嫩的、口齿不清的、断断续续的声音唱着："我是一个……粉刷匠，（粉刷）本领强，我要把那（新）房子刷得很漂亮，刷完门来又刷房（墙），刷子飞舞忙，（哎呀）呀呀我的（小）鼻子，变呀变了样。"虽然朵朵唱的歌词丢三落四并不完整，但对于我来说这真是一个令人激动的时刻，因为我并没有教她唱这首儿歌，完全是她从CD里学来的，而且还是他自发唱的。

在随后的日子里，我发现朵朵不管懂不懂，只要是她听过的歌，她就会试图模仿着唱出来。相信很多宝宝都有这样的经历。所以这个时候，妈妈一定要抓住这个关键时机，自己多学唱几首适合宝宝的歌，然后教宝宝唱。因为有妈妈的参与宝宝唱歌的积极性会更高。

唱歌是一门艺术，是旋律美的表现，也是一种带有情感性质的活动，很适合宝宝的兴趣特点。对于刚学会说话，特别是一些不愿意开口说话的宝宝来说，唱歌还是让宝宝轻松开口说话的好办法。

我教朵朵唱《比尾巴》这首儿歌："谁的尾巴长？谁的尾巴扁？谁的尾巴短？谁的尾巴弯？谁的尾巴像把伞？谁的尾巴像把扇？猴子的尾巴长，鸭子的尾巴扁，兔子的尾巴短，公鸡的尾巴弯，松鼠的尾巴像把伞，孔雀的尾巴像把扇。"这首儿歌把朵朵喜欢的小动物融入其中，会激发起宝宝的兴趣。当然，在教朵朵唱这首儿歌前，我将其中涉及的动物图片一一找出来，一边唱一边让朵朵观察它们的尾巴。我反复地唱，朵朵听了几遍后，便可以跟着我一起唱出来了。每唱到一种动物，朵朵就会把它们的图片找出来摆在桌子上，歌唱完了，小动物的图片也被她整整齐齐地摆在桌子上了。

在教宝宝唱歌时，千万不要让宝宝一句一句地跟着学唱，而是妈妈要放慢语速不断重复地唱，让宝宝反复地听。这是因为在 3 岁前，宝宝具有独特的、像海绵吸水一样的学习方式，只要听过几遍之后，他的大脑里便会记住每一句歌词。如果配以图画或者实物，宝宝会学得更快一点，到时候自然而然就学会了。

当宝宝学会跟着妈妈一起唱时，一定要适当地放慢语速让宝宝跟着唱，等到宝宝对这首歌很熟悉了，再用正常的语速和宝宝一起唱。

妈妈在教宝宝唱歌时，可以联系平时的生活经验或者结合故事、动作，更形象地演唱，这样不但可以增加宝宝的理解和兴趣，同时宝宝在你生动的表情、具有形象美感动作的影响下，也会情不自禁地模仿着唱起来、跳起来，这样既对宝宝的语言发展有好处，又对肢体的动作能力的发展有好处。

朵朵2岁8个月的时候，我和几位妈妈商量，决定为小宝宝们举办一场音乐会，场地设在小区的一个活动室内。活动规则是：每一位小宝宝准备一首拿手的歌，在活动开始后先由一位宝宝上去演唱，其他宝宝和妈妈们坐在台下当观众，第一位宝宝唱完后，第二位宝宝上去演唱……小宝宝们的表现都非常好。当轮到朵朵时，我在台下向朵朵竖起大拇指并说："朵朵，加油！你最棒！"因为朵朵在家里有很丰富的演唱经验，所以很从容地走到台上，用稚嫩的声音对下面的观众说："大家好！我是朵朵，我唱的歌叫《泥娃娃》。"

话音刚落，下面响起了热烈的掌声，朵朵从容、大方地在众人面前展现自己。当朵朵唱完后，台下又响起热烈的掌声，朵朵高兴得小嘴都合不拢了。

两三岁是宝宝语言快速发展的关键时期，唱歌不仅可以促进宝宝语言能力的发展，而且可以锻炼宝宝的口齿清晰度，提高表达能力。同时唱歌时配合好表情和动作，能提高自己的表现力。

妈妈有话说

宝宝的语言组织能力是需要家长引导的。只要肯开口，就表明宝宝在语言能力方面是没有问题的。家长在引导宝宝学习语言时，一定要采用正确的方法，在宝宝感兴趣的方面多与他交流，而唱歌不仅节奏感强，而且旋律优美，很适合宝宝的兴趣特点。所以爸爸妈妈在教宝宝说话期间，不妨多和宝宝唱唱歌吧！

专家方案

唱歌不仅能锻炼宝宝的听说能力，还能让宝宝增长见识、发展想象力、陶冶情操。但是爸爸妈妈是否知道，教宝宝唱儿歌也是有诀窍的呢？

一是爸爸妈妈在日常生活中要让宝宝多听歌，在潜移默化中锻炼宝宝的听说能力。

二是爸爸妈妈在教宝宝唱歌时要适当地配以图画或者实物，让宝宝一边唱一边看，这样更能吸引宝宝学唱的兴趣。

三是爸爸妈妈要用通俗易懂的语言教宝宝唱，随时为宝宝解释不理解的词语的意思，让宝宝在理解的基础上更好地学会唱歌。

四是爸爸妈妈要给宝宝提供展现自己的机会，以增强其自信心。

听儿歌，做动作

朵朵3岁时就已经不满足只听或者只看DVD里的儿歌了，她也要跟着节奏在电视机前手舞足蹈一番才高兴呢。那天，DVD里放着《蒸馒头》这首儿歌，朵朵跟着画面里的小朋友一起做“揉揉面，拍一拍，点一点”这几个动作，当唱到“蒸出一锅大馒头”时，朵朵把两只小手高高地举起，然后从侧面画个圈放下。做完这个动作后自己还拍拍手，显得很高兴。

现在，朵朵肢体动作和唱儿歌的配合非常好。这要归功于我在朵朵小时候就和她玩听儿歌、做动作这样的游戏。

在朵朵1岁时，每次睡醒后，就躺在小床上睁大眼睛寻找我，我赶紧伸出手指让朵朵紧紧地抓住，然后将她慢慢地拽起来，本来想只是这样跟朵朵玩耍。但我无意中却从嘴里唱出了儿歌：“拉大锯，扯大锯，姥姥门前唱大戏。妈妈去，爸爸去，朵朵跟着也要去。”而随着儿歌声，朵朵慢慢地由卧姿变成了坐姿，然后随着儿歌声，朵朵又由坐姿变成了卧姿……

在以后的日子里，每次我唱着这首儿歌向朵朵伸出手指时，她就会很自觉地将我的手指抓紧，并随着我的动作身体不停地前后晃悠，似乎在跟着儿歌的节奏做动作呢。

这个简单的游戏可以很好地锻炼宝宝肢体动作与声音节奏的配合能力。通过不断的练习，等今后宝宝稍大一点或者更大的时候，再做更有难度的动作和更复杂语言的配合时，就会得心应手。

随着宝宝年龄的增长，宝宝对儿歌也逐渐由感知变为模仿，最终能咏唱。1 岁以上的宝宝已经能理解儿歌里所蕴含的意思了，这时妈妈可以利用唱儿歌、做动作这样的游戏，去教宝宝很多知识。

如教《认识五官》这首儿歌时，我一边念“摸，摸，摸耳朵”，一边双手同时有节奏地摸左右两边的耳朵；念到“左手摸摸左耳朵”时，我将右手放在腿上，左手有节奏地摸左耳朵；在念“摸，摸，摸耳朵”时，将双手同时有节奏地摸左右两边的耳朵；等念到“右手摸摸右耳朵”时，再将左手放在腿上，右手有节奏地摸右耳朵。通过几遍练习之后，朵朵就开始模仿起来了。她一边小嘴里不停地跟着我说，一边模仿着摸耳朵。刚开始模仿时，朵朵不管在语言上还是在动作上，都会存在这样那样的问题，比如唱儿歌跟不上节奏，语言表达不完整，摸耳朵的动作不分左右等。不过在我不断的指导和纠正下，慢慢地朵朵念儿歌越来越顺口，越来越流利了；做的动作也越来越灵活，越来越标准了，出错的概率大大降低了。

其实，这个时候宝宝的语言能力和肢体动作能力发展毕竟是有限的。在念儿歌的时候，往往会出现丢掉一个字或一个词，甚至是整个句子的情况；而在做动作的时候往往会出现不知怎么做或者动作做错的情况，如跟不上节奏，左右、前后、上下等方位分不清等。这些问题在教宝宝学习的过程中是很常见的，妈妈千万不要急于求成，要多表演几次给宝宝看。在宝宝要模仿着自己念儿歌、做动作时，妈妈更要耐心地给予指导和纠正，告诉他应该怎么说，应该怎么做，并且告诉宝宝左边在哪边？右边在哪边？时间长了，宝宝自然而然就学会了。

此外，在日常生活中，爸爸妈妈也可以有意识地帮助宝宝了解一些方位的概念，如问宝宝某个东西放在哪里，是放在上面还是下面。

妈妈有话说

在宝宝小的时候，经常和他唱儿歌，对宝宝一生的影响特别大。因为儿歌语言简练，很容易学到生动优美的句子，无形中就会增强宝宝的语言表达能力。唱儿歌不但让宝宝学到了丰富的词汇知识，而且还可以在词汇的运用中增强想象和表达的能力，如果再配以一系列动作和表情，更可以锻炼宝宝的身体协调能力。因此，家长要从宝宝出生的那天开始就为宝宝念儿歌，教宝宝学习儿歌吧！

专家方案

一位儿童文学作家曾经说过："儿歌是知识的百宝袋，蕴藏着人类语言的珍珠……"由此可见，儿歌能促进语言学习，宝宝可以从中受到很多方面的教育。如果宝宝一边听儿歌，一边跟着节奏做动作，不仅有利于学习语言，而且有利于他们肢体动作协调发展。

一是家长可以一边唱一边帮着宝宝做动作，如动动腿、晃晃胳膊。

二是除了爸爸妈妈表演给宝宝听和看之外，还可以利用媒介让宝宝跟着学，如电视机等。

三是在宝宝唱儿歌做动作时，家长要耐心地引导宝宝，不可急于求成。

第五章 多认

——美丽的世界让宝宝张开嘴巴说话

爱因斯坦说："一个人的智力发展和形成概念的方法，在很大程度上先取决于语言。"由此可见，语言与智力密切相关。如果要进一步发展宝宝的语言能力，仅靠平时的交谈是远远不够的，还必须有意识地增加宝宝的词汇量，帮助宝宝将语言表达得更完整、更流畅。在这个过程中，认知能力就显得特别的重要，它可以将宝宝所学到的知识经过大脑的加工、储存、提取，使宝宝的语言能力得到显著提高。所以，在日常生活中，妈妈要引导和帮助宝宝多认识、多观察这个奇妙的世界。

认识身体各个部位

朵朵五六个月时，每当睡醒后，我会坐在椅子上，让她躺在怀里，看着我的眼睛。我一边用手轻轻抚摸小朵朵的脸蛋、眼睛、鼻子、耳朵、小脚丫等身体部位，一边轻柔地说："这是朵朵的大眼睛，这是朵朵的小鼻子，这是朵朵的小耳朵，这是朵朵的小脚丫……"每当这个时刻，是朵朵最乖巧、最享受的时刻。我还自编了一首童谣：小手放哪里呀？小手放在小嘴上。小手放哪里呀？小手放在耳朵上。小手放哪里呀？小手放在鼻子上……一边说一边将朵朵的手轻轻地放在相应的身体部位上。

也许是欢快的声音感染了朵朵，也许是我不断地重复对朵朵起了潜移默化的作用，在朵朵七八个月的时候，每当我念这首童谣时，朵朵的小手总会自觉地拿起来，等着我帮她认识身体的各部位，或者将小手放在小脸蛋上乱摸。

在宝宝 6~8 个月这个阶段，爸爸妈妈可以每天抽出 10 分钟的时间和宝宝玩指认身体部位的游戏，帮助宝宝初步了解自己的身体部位。在宝宝有了初步的自我认识之后，进而能渐渐了解自己。

朵朵 1 岁前，有一段时间特别喜欢照镜子，而且每次看到镜子里的自己后，总会挤着眼睛笑一笑。我认为爸爸妈妈完全可以利用宝宝喜欢照镜子这一特点来帮助宝宝认识身体部位。每次我把朵朵抱到镜子前，就先用手指指着镜子里的朵朵说："这是朵朵。"然后再指向我说："这是妈妈。"

宝宝遇到新奇的事物往往注意力会马上被吸引过来，当他专注于镜子里的自己和妈妈时，妈妈可以继续指着宝宝的五官说："这是宝宝的嘴巴，用来吃东西的；这是宝宝的眼睛，用来看东西的；这是宝宝的鼻子，用来闻味道的。"

其实，在日常生活中，和宝宝互动指认身体各部位的机会有很多。比如在出门时，给朵朵穿鞋时，我会说："给脚穿上鞋子。""用手把门打开出去玩。"在洗澡时，一边帮朵朵洗一边说："这是朵朵的肚子，这是朵朵的脚丫，这是朵朵的胳膊，这是朵朵的腿……"

通过我的实践，我觉得，在给朵朵洗澡的时候帮助朵朵认识身体部位是最有效、最方便的时机。大部分宝宝都特别喜欢洗澡，每次洗澡时有说不尽的欢乐。而且在洗澡时宝宝本身就会很兴奋，爸爸妈妈说什么、做什么，他都非常配合。通过互动，爸爸妈妈可以帮助宝宝逐渐认识和了解自己的身体部位。

宝宝到了 1 岁以后，你是否发现他越来越喜欢洗澡了？宝宝喜欢在浴缸里玩塑胶玩具，偶尔拍打一下，看见水花四溅，会哈哈大笑。你会注意到，宝宝渐渐地对自己身体的每一部位都感兴趣，他喜欢拿自己的身体和你做比较，如"我的脚丫小小"或"妈妈的脚丫大大"。

朵朵 2 岁左右时，最喜欢做的就是每天晚上睡觉前，把自己的小脚丫用被子或者枕头盖住藏起来，然后让我找找看。每次我都会故意找大半天，这样会让朵朵感觉到自己藏得很隐蔽，妈妈不好找，很有成就感。等我"费了九牛二虎之力"在被子里或枕头下抓到朵朵的小脚丫时，她就会哈哈大笑，很是高兴。

记得有一天晚上，全家洗漱完准备上床休息时，朵朵快速地爬上床，然后把她的脸用被子蒙住，让我和她爸爸猜猜她用被子盖住的是什么。我和她爸爸一个一个地猜，我说："鼻子。"他爸爸说："嘴巴。"我说："胳膊。"他爸爸说："肚子。""腿。""脚。"就这样，直到我们将用被子盖住的部位全说出来她才罢休。

赞美会使宝宝对认识事物的兴趣和积极性更高，帮助宝宝认识身体部位时，爸爸妈妈完全可以利用一些赞美之词。当我们说"宝宝的小手好漂亮"时，会让宝宝十分高兴，因为他知道自己的手是受欢迎的。然后跟宝宝说："让妈妈看看宝宝的漂亮小手。"宝宝甚至会有些害羞地把手伸出来，这时妈妈可以亲吻宝宝的手并且夸宝宝聪明。

总之，宝宝到了这个年龄段，他会乐此不疲地玩着和身体有关的游戏，遇到这种情况时，很多爸爸妈妈总会或多或少出现不耐烦情绪，想尽快让宝宝安静下来。其实，宝宝对身体的认知，有赖于大人的触摸和反复地讲述。当他将身体某个部位藏起来时，爸爸妈妈应该耐心地陪他找，并猜猜他藏起了哪个部位。宝宝探索自己身体的每个部位都是有阶段性的，如果爸爸妈妈积极引导并加入到他的游戏之中，而不是横加干涉，他很快就会度过这个时期。相反，如果爸爸妈妈在宝宝探索自我时，随意地干涉或责备，将会有碍于宝宝的自我探索。而且宝宝在和爸爸妈妈玩指认身体部位游戏时，会不断地用语言交流，这既帮助宝宝认识了身体各部位，增加了宝宝词汇量，同时也增强了他的语言表达能力。

妈妈有话说

宝宝在 1 岁前大脑里没有自己这个概念，也不认识自己身体的存在，所以他们会把手放到嘴里吃，把脚当玩具玩。但随着认知能力的发展，宝宝逐渐知道了自己吃的手和玩的脚原来都是自己身体的一部分。到了 1 岁后，宝宝就有了自我意识，开始认识自己的身体和身体的有关部位。在一段时间内，宝宝会对自己的身体特别感兴趣，那么妈妈就从教他认识五官开始吧，比如嘴巴、鼻子、眼睛在哪里，都有什么用途。而对于小宝宝来说，最喜欢的莫过于亲子游戏了，所以妈妈不妨和宝宝多做一做认识五官的游戏吧！

专家方案

随着宝宝不断长大，他们开始对自己的身体发生兴趣，会产生很多与身体有关的疑问。这时爸爸妈妈就应该着手开始教宝宝认识身体各个部位了。那么怎样教宝宝认识身体各部位呢？

一是在给宝宝洗澡和换尿布的时候爸爸妈妈可以教宝宝认识身体部位，这是认识身体部位的最佳时机。

二是爸爸妈妈要通过快乐的童谣，配以动作，激发宝宝的兴趣。

三是爸爸妈妈要不厌其烦地和宝宝玩认识身体各部位的游戏。

四是爸爸妈妈要让宝宝通过比较加深其对身体部位的认知和记忆。

爸爸，你这是什么表情

朵朵四五个月时，当她醒着的时候，我就会一边看着她一边做各种表情，有时候是让朵朵躺在摇篮里，我逗她；有时候是将朵朵抱在怀里，让她面对着我。

有一次我抱着朵朵，然后对着朵朵吐舌头，她的目光马上被我的舌头所吸引，紧紧地盯着我的嘴巴看，慢慢地自己的小嘴巴也微微张开了。这时我将舌头又慢慢地缩回去，抿住了嘴，朵朵的小嘴也慢慢地合拢起来。她的目光始终没有离开我的嘴巴，似乎在等待着舌头再次出现，于是我又慢慢地把舌头吐出来。朵朵见此情景，高兴地在我的怀里手舞足蹈，然后试着把自己的小舌头伸出来。

接下来，我突然由吐舌头变成了鼓起腮帮子，同时瞪大眼睛，然后将朵朵的两只小手放在我鼓起来的腮帮子上，握着她的手轻轻地按压腮帮子。当鼓起来的腮帮子被按下来后，我慢慢地撅起嘴巴吐气。朵朵见状更是兴奋不已，在没有我引导的情况下，就主动把两只小手放在了我的脸上。为了配合朵朵，我又鼓起腮帮子，和朵朵一起玩起来。

当朵朵对挤压腮帮子游戏失去了兴趣之后，我赶紧接着玩下一个游戏，就是让朵朵抓我的耳朵。当朵朵抓住后，我就对着她吐舌头，朵朵的兴趣一下子就又被调动起来了。

妈妈在和宝宝玩吐舌头这个游戏时，吐舌头的速度一定要慢，从嘴里慢慢地把舌头伸出来，这样宝宝就可以完整地观察到妈妈吐舌头的全过程，模仿起来也比较容易。与此同时，要注意吸引宝宝的注意力，多和宝宝说话，让宝宝快乐地模仿自己的动作。当然，玩的时间不宜太长，三五分钟即可。因为宝宝的注意力有限，不可能长时间将注意力停留在某一物体上，时间太长不仅吸引不了宝宝的注意力，还会让宝宝产生抵触情绪。所以，妈妈可以每天和宝宝玩一会儿，而不要一次玩很长时间。

朵朵1岁后，老公经常扮鬼脸逗朵朵玩。有时候老公模仿老虎，说："我是大老虎，啊呜……"与此同时装成大老虎：张大嘴巴，瞪大眼睛；有时候模仿小猫，说："我是小猫咪，喵喵……"同时模仿小猫，用手模仿着捋胡子；有时候扮演老鼠，说："我是小老鼠，吱吱……"同时模仿老鼠将眼睛、鼻子、嘴巴、眉毛挤在一起。就这样老公经常会给朵朵装成各种动物的样子逗她发笑。每次模仿各种动物之后，老公就会鼓励朵朵尝试，比如对朵朵说："朵朵学一学大老虎。"朵朵就会张大嘴巴，瞪大眼睛，对着爸爸"啊呜……"

在给宝宝扮各种表情、鬼脸时，表情尽量做得夸张一点儿，让宝宝容易观察、容易模仿，但是不要太恐怖，以免给宝宝心理造成不良影响。在鼓励宝宝发音时，如果一开始宝宝的发音不是很准确，爸爸妈妈千万不要急于纠正，更不要批评或者责备，而是要和宝宝继续玩，鼓励宝宝模仿发声，增强宝宝的自信心。

通常情况下，孩子都喜欢模仿小动物，所以宝宝最早学会的发音基本都是动物们的不同叫声，如"汪汪""喵喵""叽叽""嘎嘎"等。通过模仿动物的表情，不仅可以丰富宝宝的认知，同时还可以激发宝宝的兴趣，使他更深刻地了解和学会一些词语，不断增加词汇量，为以后更准确地运用词汇打下基础。

除了和宝宝模仿动物的表情之外，爸爸妈妈也要让宝宝多了解一些人的表情，如生气的表情、哭的表情、笑的表情、惊讶的表情……让宝宝对表情的认识更为深刻。时间长了，就知道每种表情背后隐藏着哪些信息，比如微笑的表情表示高兴；生气的表情表示不高兴；哭的表情表示很伤心……这有利于宝宝及时地识别他人的情绪，为将来掌握良好的社会交往能力、语言运用能力和运用技巧奠定初步的基础。

随着朵朵的长大，生活的阅历越来越丰富，对于各种各样的表情也更了如指掌了，这不她又要和我一起玩学表情的游戏了。先是我问她："吃了辣椒什么表情？"她会张大嘴直哈气；"吃柠檬是什么表情？"她会把脸上的五官皱到一起，还用小手捂着嘴；"吃糖果是什么表情？"她会眯着眼睛，边咀嚼边点头。一直都是我问问题，朵朵表演各种表情，但朵朵似乎对这样的玩法腻了，嚷嚷着要和我换着玩。她问："妈妈，吃了辣椒什么样？"我就开始表演，到后来朵朵会让我表演吃果冻、吃巧克力、吃糖果、吃苦瓜等各种各样的表情。在游戏中，朵朵不仅学会了正确发音，同时丰富了认知，提高了社会性。

妈妈有话说

在日常生活中，利用一切机会启发宝宝学习说话是爸爸妈妈的一项任务。在宝宝还不会说话时，妈妈饱含情感的声音和丰富的面部表情，有助于宝宝学习语言和认知事物，在妈妈和宝宝不断的交流中可以让宝宝的大脑变得更为活跃。因此，爸爸妈妈在宝宝语言发展中起着至关重要的作用。

专家方案

宝宝在理解和模仿词义前，首先理解的是人说话的语调和与之相伴的表情。在生活中，爸爸妈妈的表情对于宝宝的情感表达起着非同寻常的作用，而宝宝在还不会说话之前，妈妈要经常和宝宝玩表情游戏，让他认识各种各样的表情，为将来带有感情地说话打下基础。

一是爸爸妈妈要有意识地对宝宝做各种各样的表情，让宝宝通过观察爸爸妈妈的脸，进行模仿。

二是爸爸妈妈要做各种动物的表情，让宝宝观察模仿，并学习发音、增加词汇。

三是除了模仿动物的表情外，还可以让宝宝观察人的不同表情，知道每种表情隐藏的信息是什么。

四是爸爸妈妈可以利用生活用品，做出各种表情。

宝宝认水果

小宝宝对看到的一切东西都感到很新奇，什么东西都想用小手去摸一摸，研究一番，还喜欢拿东西就往嘴里送。因此爸爸妈妈经常会担心。一不留神，宝宝就会抓东西往嘴里塞，不管是能吃的，还是不能吃的，统统往嘴里送，搞得爸爸妈妈总是提心吊胆，生怕宝宝在不经意间吃到什么不该吃的东西。

其实，宝宝在五六个月大时，爸爸妈妈就应该有意识地引导宝宝去认识周围的各种事物了，尤其是那些可以吃的东西，比如常见水果中的苹果、香蕉、西瓜、梨、橘子等。也就是说，从这个时候起爸爸妈妈就可以让宝宝接触水果了，虽然这时他们并不知道这个东西叫什么，有什么用途，但俗话说“一回生二回熟”，接触得多了，宝宝自然而然就能记住这个水果的样子了。等宝宝学会说话后，说不准哪一天便可脱口说出这种水果的名称了。

朵朵还不会说话时，我每次买回水果后，总会一个一个地告诉朵朵这个水果叫什么，那个水果叫什么，然后再让朵朵品尝一下它们是什么味道，让她用小手抱着一个大苹果或者大鸭梨玩。玩着玩着，朵朵的好奇心就来了，把苹果放在嘴边，用刚长出的小牙齿咬几下子，小嘴一张一合地似乎在品尝不可多得的美味一样。

朵朵1岁后，我去水果店里买水果经常会带着她一起去，面对各种各样的水果，我对朵朵说：“哇，朵朵看，好多新鲜的水果啊！快来看一看。”然后我会指着每一种水果告诉朵朵这是什么水果。记得有一次，我和朵朵来到水果店里，朵朵跑到荔枝前，指着圆圆的荔枝说："妈妈买。"我对朵朵说："朵朵想吃荔枝呀？"朵朵点点头说："嗯，吃里子。""好，妈妈给朵朵买荔枝吃。"朵朵一听高兴极了，嘴里不停地说着："买里子，买里子。"虽然这个时候朵朵还不能清楚、准确地说出"荔枝"这两个音，但是经过我的提示，朵朵的大脑里已经将"荔枝"这种水果储存起来了，知道这种水果叫做"荔枝"。

这个阶段的宝宝思维很简单，他们还没有能力去判定什么是圆的，什么是扁的，什么是大的，什么是小的这样的概念，所以爸爸妈妈在教宝宝认识水果时，不需要跟他说水果是什么样的，也不需要用形容词去形容，只要告诉他们"这是什么水果"就可以了。随着宝宝认知能力的提升，接触水果的机会越来越多，慢慢地，宝宝就能深刻地记起每一种水果的形状、大小、颜色等。

记得有一次我从网上买了一袋青苹果，快递员送到家里后，朵朵感觉很好奇，但是并不会拆包装，于是我一层一层地拆开包装袋。我一边拆一边问朵朵："朵朵用小鼻子闻一闻，是什么味？""朵朵猜一猜里面是什么？"对于这时的朵朵来说并不能说出水果是什么味道。但是她会在大脑里回想自己见过的水果和吃过的水果，所以，即使朵朵并没有说出是什么水果，但是她思考过了，我的目的也就达到了。还有一次，我买了一盒香梨，朵朵闻过之后，很认真地说："是青苹果。"我没有马上纠正朵朵的错误，而是继续拆包装，结果朵朵发现说错了，原来盒子里放的是香梨而不是青苹果，这时朵朵在大脑里会回想起青苹果和香梨各是什么味道。通过这件事情，朵朵对青苹果和香梨的印象就会更深了，以后每次见到香梨和青苹果都会很准确地认出来。

朵朵两岁半后，最喜欢玩的是卖水果的游戏。我们将准备好的各种水果卡片，整齐地摆放在桌子上，然后朵朵当售货员，我当顾客。买的时候我会说出需要的水果，然后朵朵从各种水果卡片中找出相应的水果。当然，在玩这个游戏的过程中，可以随时变换玩法，比如妈妈故意说错几个水果的名称，看看宝宝是否能够听出来并进行纠正。有一次我故意将“红苹果”说成是“青苹果”，朵朵在卡片里找了一番后，发现并没有“青苹果”，于是对我说：“没有青苹果，有红苹果。”这说明朵朵在游戏的过程中，很认真地听了我说的话，而且仔细地在卡片里寻找青苹果，这对锻炼朵朵的听觉能力和观察能力很有好处。

爸爸妈妈要在游戏中提一些能引起宝宝思考的问题，使其观察得更细致，认识得更深刻。例如，让宝宝认识苹果，要先让他仔细观察，然后再让他说出苹果的形状、颜色，让他摸一摸，知道苹果上、下各有一个小窝，再让他尝一尝，用词语表达苹果是什么味道，比如甜的、酸的等。如果这时他已经认识橘子了，还可以启发宝宝比较橘子与苹果的不同。

除此之外，在日常生活中，我和老公经常让朵朵跑跑腿。比如一家人正在看电视，老公对朵朵说：“爸爸想吃苹果，朵朵帮爸爸拿一个过来。”朵朵马上会屁颠屁颠地跑到冰箱前打开冰箱从众多的水果中找出苹果递给爸爸。带着朵朵去超市，我会让朵朵挑选自己喜欢的水果，然后试着让她和售货员交流。这样不仅锻炼了朵朵的语言表达能力和社会交往能力，同时还丰富了宝宝的生活经验。

妈妈有话说

在日常生活中，宝宝平时接触水果的机会较多，爸爸妈妈在给宝宝吃水果时要告诉宝宝这是什么水果，再告诉宝宝水果的颜色及形状，慢慢地就会加深宝宝对水果的印象。除了在生活中多加注意外，还可通过一些图册指给宝宝看，这样可认识的水果种类会比较多，也比较直观。当宝宝再大一些时，可以通过游戏方式引导宝宝认识水果，在游戏中认识新事物、学习新名词。

专家方案

教宝宝认识水果，可大大提升宝宝的辨识力、记忆力、观察力以及视觉、听觉、触觉等能力，是对宝宝进行早期教育的最佳选择之一。

一是爸爸妈妈要让宝宝尝一尝、闻一闻水果的味道，记住这种水果。

二是爸爸妈妈要带宝宝一起挑水果，认识各种水果，丰富认知。

三是爸爸妈妈要和宝宝一起玩有关水果的游戏，让宝宝加深对各种水果形状、颜色的认识。

四是爸爸妈妈要在生活中有意识地培养宝宝的观察能力和辨别能力。

宝宝快来看相册

宝宝在很小的时候就喜欢一些色彩鲜明、形象逼真的图片或者其他物品。从9个月开始，朵朵对不同图片和物品的兴趣就逐渐地表现出来了，朵朵最喜欢的就是和爸爸妈妈一起指认各种各样小动物的图片和玩具，这些图片和玩具的确在朵朵认识事物的过程中起到了很重要的作用。但这些玩具和图片的内容毕竟是有限的，随着朵朵一天天长大，这些东西已不能满足朵朵大脑发展的需要了。所以，我改变了只让朵朵指认书中或者画中所接触到的事物，而是选择一些内容更加广泛，朵朵在平时看不到的东西。

于是，我经常都带着照相机到外面拍摄各种实物，包括各种真实的小动物、交通工具、水果、蔬菜以及朵朵比较熟悉或者见过几次的人物照片等。经过一段时间的准备，我为朵朵精心制作了几本厚厚的相册，有动物相册、水果相册、交通工具相册、人物相册。

因为朵朵对小动物的喜爱，所以先从看动物相册开始。我和朵朵一起坐在沙发上，将相册放到朵朵的小腿上，一张一张地看，一页一页地翻。每翻一页，我会指着相册中的小动物问朵朵："这是什么动物呀？"比如我指着一张小猫的相片问朵朵："这是什么动物呀？"因为这个时候的朵朵虽然知道这是一只小猫，但她还不会说这个词汇，嘴里咿咿呀呀地叫着，似乎想说出"小猫"这个词。这个时候，妈妈一定不要打断宝宝说话，让宝宝把话说完，即使他还不会说这个动物的名称。当朵朵咿咿呀呀把自己想说的说完后，我就指着图片中的小猫对朵朵说："朵朵看，这是不是小猫！"然后引导朵朵说出"小猫"这个词。朵朵在照片中认识小猫后，她马上在现实生活中能认出活生生的、跳来跳去的小猫了。

朵朵13个月时，天气渐渐暖和起来了。我抱着朵朵到楼下的小草坪里散步，观赏开满枝头的桃花。正在这时，一只可爱的小花猫跳了出来，朵朵顿时兴奋地大叫起来，似乎在说"喵喵"这两个字，我赶紧对朵朵说："是啊，那是小猫。"然后着重重复了几次"小猫"，意在让朵朵跟着模仿发音。朵朵模仿几次后就可以发出"小猫"的音了。忽然小猫钻进树丛中不见了，我赶紧问："小猫哪里去了？"朵朵就用手指着树丛咿咿呀呀地说半天，似乎在说："小猫钻进树丛里了。"

通过这次对小猫的指认，朵朵不仅加深了对小猫这种动物的认识，而且还了解了小猫走路的动作，在大脑里就会有这样的记忆："哦，原来小猫是这样的，它跑起来是那样的，叫起来是这样的……"这些认知对以后朵朵学习说话有很大的帮助。

爸爸妈妈在和宝宝看相册时，要选择那些形象逼真、准确、色彩鲜艳、图画单一、清晰的照片教宝宝指认。每天教1~2次即可，每次时间不宜太长，以8~10分钟为宜。一次指认几个让宝宝留下记忆，反复练习，逐渐积累，教宝宝学会在妈妈的语言指导下准确指出图片。另外，在教宝宝认照片时，要教其准确地叫出名称，比如教他"这是小狗，这是汽车"。千万不要对着照片说："这是汪汪，这是嘀嘀。"这样很容易误导宝宝，使宝宝误认为狗的名称是"汪汪"，汽车的名称是"嘀嘀"。而且教宝宝认照片一定要循序渐进，先从正确的称谓开始，等宝宝的认知能力不断提高、语言能力不断增强后，再教他了解这些事物的用途、特征等，避免宝宝将名称和用途混淆。

朵朵14个月前，我一直教朵朵指认一些具体的实物和我为其做好的其他相册。本打算等朵朵把那几本相册认完之后，再认家里人的照片，但令我没有想到的一幕发生了：一天早上，刚睁开眼的小朵朵，眼睛盯着墙壁上我和老公的婚纱照一直看，忽然用小手指着墙上的大照片说："妈妈、爸爸。"我心里先是一惊，然后是一喜："哇，朵朵能认出照片里的爸爸和妈妈来了。"于是我赶紧将做好的人物相册拿出来教朵朵指认。由于这本相册与其他相册在制作上有很多的不同之处，为了能让朵朵很清楚地看到每个人的脸，我将相册里的相片都放得比较大，而且还制作了精美的花边。一开始翻看的时候，朵朵似乎对相册的兴趣要比照片更大，将注意力全集中在相册的外观上，一会儿摸摸这儿，一会儿瞧瞧那儿的。当朵朵翻到自己的照片时，我突然发问："看！这是谁啊？"朵朵听到后马上将注意力集中到了相片上，她瞅了瞅相片，然后笑着看我。我问："这是不是朵朵呀？"她点点头。我继续问："这是谁呀？"朵朵嘴里发出两个不太准的音："朵朵。"当翻看到我的照片时，我指着相片中的自己问朵朵："这是谁呀？"朵朵显然一下子就认出来了，用小手指了指我，然后我也用手指指自己说："妈妈。"朵朵也跟着说："妈妈。"在翻到爸爸的照片时，我指着照片问："这是谁呀？"然后引导朵朵说："爸爸。"经过几次这样的训练，朵朵不仅认出了照片中的自己、爸爸和妈妈，同时对自己的名字以及爸爸、妈妈的发音越来越熟练，越来越准确了。

在和宝宝一起看家庭相册时，一定要先从宝宝身边最熟悉的人开始认起，如爸爸、妈妈、宝宝、爷爷、奶奶等，等宝宝见到的人不断增多，妈妈再让宝宝认识其他人。

宝宝在牙牙学语之前的语言训练中，爸爸妈妈多数用看得见、摸得着的事物来训练宝宝认识物品的名称，而之后的介绍和指认相册中的相片则是充分运用宝宝的分辨力、记忆力来认识物品的名称和人，对宝宝来说是一个全新的体验。通过看相册可以锻炼宝宝的记忆力，认出自己熟悉的人或物，为宝宝不断地积累词汇，为以后开口说话积累素材。

朵朵18个月的时候，已经快大半年没见面的爷爷来看她来了。爷爷进门后，朵朵就抱着家里的相册坐在爷爷旁边，给爷爷介绍相册：这是谁，那是谁，谁在干什么等。说得爷爷很开心。爷爷不停地夸赞孙女聪明、乖巧，还时不时地向朵朵问这问那。祖孙俩在笑声中认得不亦乐乎。

看相册不但可以帮助宝宝增加认知、扩大词汇量，锻炼语言表达能力，而且还可以帮助宝宝回忆一些经历过的事情，锻炼宝宝的观察力和记忆力。

妈妈有话说

宝宝说话的早晚因人而异，每一位家长都希望自己的宝宝能早一点开口说话，而对宝宝迟迟不开口很是着急。其实，利用提问题的方法可以巧妙地引导宝宝开口。比如看相册时，宝宝的情绪比较高涨，可以巧妙地问他“这是谁”“他在干什么”等问题，根据相片中的内容尽可能多地问宝宝一些问题，引导其开口说出来。经过一段时间你会发现，宝宝很喜欢回答妈妈的问题，而且开口说话的次数多了，发音、吐字也越来越清晰、流利了。

专家方案

宝宝知道物品名称与实物之间的联系是学习语言比较初步，也是比较关键的环节。家长应与宝宝多说话，多让宝宝指认物品，认识周围的世界。指认照片可以给宝宝留下记忆。宝宝反复练习说出照片中物品的名称，可逐渐积累更多的词汇，有助于其智力和语言的不断发展。

一是爸爸妈妈可以在家里的墙上悬挂一些图片，让宝宝随时可见，随时指认，比如爸爸、妈妈、宝宝的照片，各种动物的图片等。

二是爸爸妈妈要手把手指导宝宝看相册，引导宝宝开口说话。

三是爸爸妈妈要让宝宝学会给别人介绍相册，以加深宝宝对照片内容的印象，回忆各种经历过的事情，锻炼记忆力。

宝宝感知冷热

每一位家长都希望早早地开发宝宝的智力，让他在今后的发展中更聪明。其实，宝宝早期对周围环境的认识和适应性就是以后智力发展的基础。因此，早一点开发宝宝的智力是一项刻不容缓的事情。

感知觉的发展从宝宝出生的那一刻便开始了，并在0~3岁这个阶段迅速发展，宝宝绝大部分的感知觉能力基本在婴儿期形成。而在0~6个月时，爸爸妈妈就要注意多给宝宝视觉、听觉和触觉的刺激。因此，在婴幼儿期，爸爸妈妈可以教宝宝感知冷热，促进宝宝触觉的发展。

朵朵出生后的两个月里，我常常用毛巾蘸着温热的水给她擦洗脸蛋和身体。也许是她对这种温热的刺激已经适应了，每次不管是洗脸、洗手还是洗澡，她都特别听话，似乎很享受那种温热的感觉。有一次，我想试着刺激朵朵的知觉是否灵敏，就用毛巾蘸着凉水给她擦脸，没想到朵朵先是惊了一下，然后“哇哇”哭了起来，哄了好半天才止住。我就想，原来朵朵对冷和热是这样的敏感，说明她的知觉发育是正常的。

为了让朵朵在生活中养成知冷知热的习惯，我在给朵朵洗脸的时候，经常会用冷热两条毛巾给她擦脸，还会让她用小手抓着两条毛巾玩，以刺激朵朵的手和脸，感知冷和热。

妈妈有没有发现，每次给宝宝用毛巾洗脸或者给宝宝看什么东西时，他并不会乖乖地让你擦脸或者看你手中的东西，而是喜欢用自己的小手去抓东西。其实，这是宝宝的一个本能，他希望能够积极地参与到这个活动中。如果你只给宝宝看，不让其亲自感受，这对宝宝的发育是远远不够的，因为他希望体验每一件近在眼前的东西，喜欢通过自己的五种感官去感知，特别是通过触觉去感知。因此，在日常生活中，妈妈要多提供机会让宝宝亲自感受一下每一样东西，比如给宝宝喂奶时，让他自己抱着奶瓶，感受一下奶瓶的质地；吃苹果时可以让他摸一摸苹果的外形，闻一闻苹果的味道等。

朵朵1岁的时候，开始模仿着学说话了，我便和她做了一个感知冷和热的游戏：我找了两个大小相同、透明的、口比较大的玻璃瓶，分别在两个瓶子里倒入热水和凉水，然后和朵朵说："朵朵，用小手抱一抱这个瓶子。"我先把装凉水的瓶子放在朵朵的跟前，显然朵朵对我说的话已经能听懂了，还没等我说完，她就迫不及待地用两只手抱住了装凉水的瓶子，大概手放上去持续了一秒钟的时间。也许感觉这个瓶子比较凉，她急忙把手缩了回来。然后我指着这个瓶子说："这个是凉水，朵朵的小手都凉了吧。"然后再次鼓励朵朵将小手放在瓶子上，说："凉吗?"朵朵睁大眼睛，用很奇怪的表情看着我说："娘娘。"朵朵发出了不标准的"凉"音。

随后，我将装热水的瓶子放在朵朵面前，继续让她摸摸。朵朵把小手放在瓶子上，也许水温比较舒适，朵朵抱着瓶子持续了五秒钟的时间。我说："这是热水，让朵朵的小手暖和了。"然后我引导朵朵说："热。"朵朵又用不准确的音说："讷。"在游戏的过程中，让朵朵再次感知凉水时，大概是对凉水有点顾忌，她怎么也不愿意了。其实宝宝在成长的过程中会遇到很多他们感到困难和惧怕的事情，而妈妈的职责就是要帮助宝宝克服恐惧心理，让宝宝用积极的心态去面对这些事情，把恐惧感降到最低。我看见朵朵的反应后，就鼓励说："朵朵不要怕，你看妈妈!"然后我将双手放在冷水瓶上持续了很长时间，然后用很轻松地语气说："你看，妈妈就不怕，朵朵一定也很勇敢。"

这时，朵朵开始动摇了，但在我不断的鼓励下，她终于鼓起勇气又把小手放到了冷水瓶上。经过反复不断地交替着握两个瓶子和我不断地引导说出“冷”“热”这两个词，朵朵在无意识中形成了冷和热的概念，并对这两个词有了进一步的了解，为将来正确使用语言来描述各种感觉奠定了基础。

当宝宝第一次握住冷水瓶和热水瓶时，虽然他的感觉会有不同，但是他并不明白为什么一个冷一个热，也不知道哪个是冷的，哪个是热的。所以，这时妈妈要及时地告诉宝宝哪个是热的，哪个是冷的。在宝宝基本有了冷热的概念后，妈妈可以和宝宝这样玩：问宝宝哪个是冷的？哪个是热的？如果宝宝指的正确，妈妈就要给予奖励；如果没有指出来，妈妈可以多和宝宝玩这样的游戏。

在玩这个游戏时，因为宝宝的皮肤很娇嫩，妈妈要注意热水的温度不宜过高，保持在40℃~50℃即可，同时也要将瓶口拧紧，以免水洒出来。

丰富的感官刺激可以促进宝宝的大脑和心理的发育。通过手对热和冷的触摸和感觉，可以让宝宝对周围环境有一个更好的认识和适应。而调动宝宝的多种感官进行认知，是教宝宝学会正确表达各种各样感觉的有效方法。通过宝宝的亲身体会，把大脑中那些抽象的感觉概念变成实实在在的语言词汇，有利于宝宝准备用语言将其描述表达出来，也有利于帮助宝宝朝着“感觉世界”迈出第一步。

生活中让宝宝感知冷热的机会很多。宝宝大一点儿后，可以带着宝宝去外面感受不同的天气变化，比如亲身体验夏日的炎热，感受冬天的寒冷。冷和热的反差会使宝宝产生极大的探索兴趣。

有一天，我吃冰棍，刚放进嘴，我就情不自禁地说了一句：“好冷啊！”刚好被朵朵听见了，于是她跑过来抓住我的冰棍尝了一口，却故意说：“好热啊！”我一听，朵朵居然对“冷”“热”这两种感觉有了很清晰的比较意识。趁此机会，我又和她一起玩起了说反义词的游戏。没想到朵朵的兴趣很大，而且还能说出很多比较简单意义的反义词，这真可谓是一举两得呀。

妈妈有话说

在游戏中调动宝宝多种感官进行认知，是教宝宝正确感受、表述各种感觉的有效方法。任何事情只有经过自己的亲身体会，才能将其深刻地印在脑海里，教宝宝感知冷和热也是如此。当宝宝亲自体验过冷和热对感官上的刺激后，才能将冷和热这两个抽象的概念变成实实在在的东西，在心里马上会明白："哦！原来冷是这种感觉，热是这种感觉。"这有利于宝宝在说话时正确地运用冷和热等词汇。

专家方案

家长应设法刺激宝宝的触觉，让宝宝在生活中养成知冷知热的习惯。同时，宝宝在体验冷热变化的同时，还会满足他的探索欲望，提高了自身的感受能力和语言描述能力。

一是爸爸妈妈在生活中要有意识地给宝宝触觉上的刺激，比如在洗脸、刷牙、洗澡、玩水时。

二是爸爸妈妈要主动和宝宝玩冷和热的游戏，经过比较，更好地让其感觉冷和热的差别。

三是在教宝宝感知冷和热时，爸爸妈妈要在身旁进行引导，尝试让宝宝使用正确的语言描述各种感觉。

秋姑娘的魔法棒

宝宝在出生后的前几个月里，对颜色的认知有了一定的发展。刚刚出生的宝宝对颜色就已经很敏感了，这时他们喜欢看黑白分明的东西，如黑白圈和黑白方块等图案；当宝宝一两个月时，他们在潜意识中就能对各种颜色进行区分了；到四五个月时，他们已经能分辨出属于同一种颜色、深浅不同的两种色彩了……

爸爸妈妈要抓住宝宝成长的关键期，带宝宝认识各种颜色，培养敏锐的色彩感觉，这对宝宝的智力发展大有裨益。不过，宝宝对颜色的认识需要经过逐步变化的过程，不是一下子就能完成的，需要经过长期不断的训练和培养。

朵朵在出生后的前 4 个月里，我在她的床头悬挂的玩具都是以红、黄、蓝色为主，使她每天一睁开眼睛就可以看到一个有色彩的环境。因为这个时候宝宝的视觉还不敏锐，对彩色的概念很模糊，过多绚丽色彩的刺激可能会使宝宝不安，所以色彩不宜过多过杂，以免扰乱宝宝还不成熟的视觉系统。

当朵朵 4 个月以后，我把房间重新布置了一番，让它成为一个多彩的世界。墙上贴了彩画，朵朵的床单、被子都换成了一些柔和的颜色，而且还在朵朵的视线范围内摆放了很多五颜六色的玩具。

从4个月以后，宝宝的视觉神经对彩色的东西非常敏感。这时候，爸爸妈妈就要重点对宝宝进行色彩认知的培养了，有意识地对宝宝进行视觉刺激。在生活中，如果宝宝对某一物品盯着看的时候，爸爸妈妈要经常指着这一物品对宝宝说："这是红气球。""那是小白兔。""这是黄花。"用语言加以描述，可以加深宝宝对颜色的认知。

当宝宝学会说话后，他们对色彩的分辨能力会进一步发展。这时，爸爸妈妈就可以逐渐地教宝宝认识不同的颜色了。

朵朵的玩具大部分都是五颜六色的，比如彩色积木、彩色小球等。我经常利用这些道具和朵朵玩认识不同颜色的游戏。当朵朵玩积木时，我会先拿一块红色的积木给她介绍："这是红色的积木。"然后再拿起绿色的积木说："这是绿色的积木。"逐一将各种颜色的积木介绍一遍之后，就将所有的积木都放进盒子里，然后从中随便取出一块积木，问朵朵："这是什么颜色？"如果朵朵说出正确的颜色，就让她把盒子里相同的颜色找出来；如果朵朵没有说出来，我会耐心地告诉她这是什么颜色。俗话说熟能生巧，见得多了，看得多了，认得多了，说得多了，朵朵很自然地就能认出一些常见的颜色了，如红色、绿色、黄色……她对颜色的认识和理解逐步加深。

需要注意的一点是：妈妈在教宝宝认颜色时，应以红、黄、蓝这三种颜色为主，因为红、黄、蓝被称为三原色，任何颜色在感觉上都是由这三种颜色混合而成，宝宝最先认识这三种颜色，可以将它们的信息传递给大脑中枢，渐渐对其他颜色进行整合。所以，对这三种颜色的认知可以增强宝宝的视觉辨识能力，可以更好地让宝宝用语言表达出来。

当然，在教宝宝认颜色时，也要采用灵活的教育方式，以宝宝的兴趣爱好为出发点。比如宝宝对红色情有独钟，你偏要他选择黄色的东西，这样往往是背道而驰的，不仅达不到让宝宝认颜色的效果，而且还可能让宝宝产生抵触心理，不愿意再认识颜色。

在教朵朵认识不同颜色的过程中，我充分尊重朵朵的兴趣和玩法。比如我和朵朵玩传彩球时，我一边扔彩球，一边对朵朵说："朵朵，这个是红色的球，这个是蓝色的球，这个是绿色的球，这个是黄色的球……"据我的观察，朵朵每次接黄色的球时，兴致特别高，而且不管球跑多远，朵朵都会追上去捡起来，但对其他颜色的球似乎热情并没有黄色的球高。这个时候，我并没有强迫朵朵去喜欢其他颜色的球，而是鼓励她去抓或捡她喜欢的球。玩到最后，朵朵对每一个彩球的颜色都了如指掌，并没有因为独爱黄色而影响认识其他颜色。

讲故事是宝宝喜爱的活动之一，也是培养他学习说话、增强语言表达能力常用的方法。通过讲故事宝宝还可以提高宝宝的认知能力。

朵朵19个月时，已经会说很多词汇了，偶尔还可以用一个完整的句子来表达自己的需要了。一天晚上睡觉前，等朵朵钻进被窝里我就给她讲了一个《秋姑娘的魔法棒》的故事。

听说秋姑娘有一根魔法棒，她飞到哪里，哪里就会变得更美丽。

秋姑娘飞到树林里，一挥魔法棒，树林立即换了新装。一棵棵枫树戴上了红色的"帽子"，大地也铺上了金色的地毯。

秋姑娘飞到田野里，一挥魔法棒，田野上开起了丰收的欢庆会。棉桃咧开嘴，变成了一朵朵棉花，像一团团白云落到人间；玉米挺起圆鼓鼓的小肚子，新染了红黄相间的头发；稻子笑弯了腰，垂下沉甸甸的脑袋……

秋姑娘飞到果园里，一挥魔法棒，果园里变得缤纷多彩。石榴乐呵呵地笑了，露出了一颗颗粉红色的小牙齿；柿子树上好像挂满了黄黄的小灯笼；紫莹莹的葡萄和黄澄澄的梨熟了，空气里到处飘荡着甜蜜的香味……

哇！秋姑娘，你的魔法真神奇！

我一边声情并茂地讲，一边用手比画着，朵朵听得津津有味。故事结束了，朵朵似乎还没有从情景中回过神。忽然，朵朵用很好奇的语气问我："妈妈，金色是什么？”朵朵这么一问，我心里闪过一个念头，是该教宝宝认识更多种颜色的时候了。便对朵朵说：“你看，朵朵的小外套就是金色的呀！”然后专门把朵朵那件金色的外套放在灯光下，让它发出一闪一闪的光。朵朵的兴致被调动起来了。她继续问：“我的鞋子呢？”我柔声说：“朵朵的鞋子是粉色的。”……就这样我一言，朵朵一语地聊了很多种颜色。让朵朵除了认识生活中的红、绿、黄等几种基本颜色外，对更多的颜色也有个初步的认识和了解，知道每一种物品都有相对应的颜色。

如果条件允许的话，爸爸妈妈还可以带宝宝感受一下秋天和春天有什么样的变化，既可以让他感受到春天的万紫千红、绚丽多彩，又可以通过比较，感受一下秋天的五彩缤纷、金色满地。通过亲身感受、体验，宝宝的认知能力会得到更好的开发，而且对于颜色的记忆也会更加深刻。

除此之外，教宝宝认颜色还可以用各种颜色的蔬菜和水果，例如，红苹果、黄香蕉、紫色的茄子、绿色的青菜等。爸爸妈妈在描述某一件事物时也可以多用一些与颜色相关的形容词，如红彤彤、金灿灿、绿莹莹、黑乎乎、白茫茫……宝宝在学习的过程中，无形中扩大了词汇量，说不准从哪一天开始，一下子就能把这些关于颜色的词运用到实际生活中了。

每个人都是通过认识色彩、感知色彩来享受美的世界。而五光十色的世界激发着宝宝的学习兴趣和愿望，也培养孩子的美感。所以爸爸妈妈在和宝宝玩时，要有意识地教宝宝认识颜色，帮助他认识美丽的世界，促进他的智力发育。

妈妈有话说

宝宝一出生，迎接他的就是一个五彩缤纷、光怪陆离的世界：红的、黄的、绿的、蓝的……有各种各样的色彩。刚开始宝宝的视觉系统还没有发育成熟，可能对这些色彩“熟视无睹”，但随着宝宝视觉系统逐渐发育成熟，就会通过认识色彩、感知色彩，来享受美丽的世界。因此，年轻的爸爸妈妈也要抓住这个关键时期，带宝宝认识颜色，培养敏锐的色彩感觉，这对宝宝的智力发展大有裨益。

专家方案

宝宝对颜色的认知有一个逐渐变化的过程，并不是在短时间内就可以学会和形成的，这需要家长不断的训练、培养和正确的指导。

教宝宝认识颜色可以随时随地进行。比如看见气球时对宝宝说：“宝宝看，那个气球是红色的，和你的衣服一样。”或者“那辆汽车是蓝色的，和宝宝的婴儿车是一个颜色的。”

他们的职业是什么

12~18个月的宝宝开始进入正式的说话阶段了，对语言的理解力和辨别力有了明显的提升。经过听、看、模仿，宝宝大脑中已经储存了大量的词汇，虽然这个阶段宝宝的主要特点是听得多、说得少，理解得多，表达得少，但是这些已经为宝宝随时开口说话做了充分的准备。所以，在这个阶段，妈妈更要利用各种机会与宝宝多说话，让宝宝多听、多看，多了解日常生活中所接触到的各种物品的名称，促使宝宝运用语言来表达自己的意愿，加快激发宝宝语言潜能的开发速度。

在朵朵刚开始学说话的时候，我和老公就已经开始教她认识各种人了。先是从家人开始，随着朵朵逐渐地长大，认识的人也越来越多了，但是朵朵认识到的、学到的更多是对家庭中每个人的称呼，比如爸爸、妈妈、爷爷、奶奶、姥姥、姥爷、舅舅、叔叔、姨姨、姑姑等，而对社会的各种角色了解很少，我觉得这也是一种欠缺，于是决定教朵朵了解更多的社会角色，了解不同职业。

最初的做法是让朵朵从认识我和老公的工作开始。每次回到家里后，我都要和老公谈一些关于工作的感受，星期天我还会经常抽出一定的时间带着朵朵去我单位或者老公工作的地方看一看、转一转、认一认，让她亲身感受一下爸爸妈妈的工作环境。记得朵朵2岁时，我们一起去我工作的地方，我指着大楼对朵朵说："妈妈在这儿上班。"朵朵扑闪着大眼睛问我："妈妈是做什么的？"我说："妈妈的职业是作家。"朵朵又问："作家是做什么的？"我说："作家就是写文章，平时朵朵看的书就是作家写的。"朵朵很懂事地点点头，接着问："朵朵长大了去哪儿上班？"我笑着说："等朵朵长大了就要去幼儿园里上学。"朵朵一听高兴地蹦起来说："我要去上班。"出来后，我带着朵朵又去一所幼儿园里感受那里的环境。在幼儿园外面，我指着幼儿园说："这就是朵朵长大后上班的地方哦！"我这么一说，朵朵立刻拉着我往里跑。我们从摆放着各种玩具的院子里轻轻走过，来到教室里，只见一位年轻的老师正在给小朋友们上课。于是我指着那位老师说："那位给小朋友们讲故事的是老师！"朵朵跟着我说："老师！"我笑着说："对，将来朵朵上学后就会有老师给朵朵讲故事，和朵朵做游戏，教朵朵认字、写字。"我说的这些让朵朵似乎很期待。她急忙问："妈妈，我什么时候能来这里？"我抚摸着她的头说："等你再长大一点后就可以了。所以呀，朵朵要快快长大！"朵朵板着嘴，用劲点点头："嗯，朵朵要快点长大。"

从幼儿园出来，朵朵高兴得不得了，一路上叽叽喳喳像个小麻雀，一会儿问这儿、一会儿问那儿，说个不停，让我都感觉招架不住啊！这次外出让朵朵认识了妈妈的职业是作家，幼儿园里教小朋友学习的是老师，不仅扩展了朵朵的知识面，增加词汇量，而且还让朵朵学会了一些基本的礼貌用语。我还和朵朵讲，在幼儿园里要做一个有礼貌的好宝宝，比如见到老师要说："老师好！"放学回家时要说："老师再见！"老师讲课的时候要认真听，不可以捣乱等。

教宝宝认识不同的职业，并不需要太刻板。爸爸妈妈可以买一些关于各种职业的图片，在晚饭后或者睡觉前和宝宝一起翻看，跟宝宝说说不同的职业，通过图片观察从事不同职业的人的特征，不同职业之间有什么样的差异，不同职业的人需要做什么事情。朵朵通过图片就能了解很多人的职业。为了加深朵朵对不同职业的记忆，我会首先让朵朵看一看图片中的人是什么职业，然后再让她找一顶合适的帽子图片给他们“戴”上，这样不仅提高了朵朵的语言表达能力，同时也增加了她的认知。

除了用图片的形式教宝宝认识人的不同职业外，爸爸妈妈还可以在实际生活中教宝宝认识。在日常生活中，宝宝经常会遇到不同职业的人，如乘公共汽车时会遇到售票员和司机，到医院看病打针时会遇到医生和护士，去商场买东西时会遇见售货员，在家里会遇到给家里送信、送报纸的邮递员，在餐馆吃饭时会遇到服务员或者厨师，在郊区农村会遇到种地的农民，在建筑工地上会遇到工人，在大街上会遇到清扫道路的清洁工……总之，宝宝在生活中经常会遇到各种不同职业的人。每当这个时候，妈妈都要随时告诉宝宝，他们的称呼、工作性质、服装特点。比如在十字路口遇到交警，就要告诉宝宝：“这是警察，他们在指挥交通，他们穿的是警服。”并且还要随时引导宝宝指认不同职业的人，并要求孩子准确地说出他们的称呼以及是干什么的。比如在乡下遇到在地里干活的农民，除了让宝宝说出他们的名称“农民”外，还要问一问“他们在干什么”之类的问题，这样可以拓宽宝宝的思维。因此，在教宝宝学习语言阶段，爸爸妈妈不仅要花时间跟宝宝讲话，也要花时间听宝宝讲话。

在教宝宝认识这些人职业的同时，也要对宝宝进行情感教育，培养宝宝的爱心。朵朵两岁半时，我和朵朵从动物园里出来之后，她嚷嚷着口渴，要我给她买冰激凌吃。吃完以后，朵朵顺手将包装纸扔在了大街上，正好有一位清洁工在打扫马路，把垃圾一点一点地扫进垃圾袋里。我赶紧借此机会对朵朵进行教育，我指着那位清洁工说：“朵朵说一说那位阿姨的职业是什么？”朵朵不假思索地说：“清洁工。”我接着说：“她正在干什么？”朵朵认真地观察了一下说：“打扫卫生。”我说：“清洁工阿姨打扫卫生是不是很辛苦呀？”朵朵点点头。“那你刚才把冰激凌纸随便扔在马路上，是不是阿姨打扫起来更辛苦呢？”朵朵似乎有点不好意思了，低着头说：“是的。”“所以，朵朵以后不要在地上随便乱扔东西，要把它扔进垃圾筒里。”说罢，我将包装纸捡起来扔进了垃圾筒，以便给朵朵做个示范。在之后的日子里，朵朵变得乖巧、懂事多了，每次都会将垃圾扔进垃圾筒，如果附近没有垃圾筒，朵朵会一直拿着直到发现垃圾筒，再也没有随便将垃圾扔到大街上了。

通过这件事情，朵朵学会了尊重清洁工，学会与他们怎样配合，同时，在对话的过程中提高了语言表达能力，丰富了社会认知，对今后语言学习、情感培养都有着不可替代的作用。所以，爸爸妈妈要多利用生活中的实例来教育宝宝、培养宝宝，让他学会尊重不同职业的人，学会怎样与他们进行配合，比如在餐馆吃饭时，告诉宝宝不要把餐巾纸乱扔，要耐心等待上菜……

当然，如果把认识职业融入到游戏中，宝宝会更加感兴趣，学习的兴致会更高。

我和朵朵最喜欢玩的就是角色扮演游戏。我扮演不同职业的人，让朵朵扮演相应的角色。一次我扮演医生和护士，朵朵扮演来看病的小朋友。朵朵装作很不舒服的样子走到我的跟前。我问：“小朋友你哪里不舒服？”朵朵说：“我肚子疼。”我说：“来，让我帮你检查一下。”朵朵说：“嗯，好的。”说完把手递给了我，我一会儿摸摸朵朵的头，一会儿摸摸朵朵的肚子，作出了诊断，说：“小朋友，你是不是吃凉的食物了？”朵朵点点头说：“我喝了点饮料。”我说：“你是吃坏肚子了，要打针才能好。”玩到这里，我的角色发生了转换，由看病的医生变成了打针的护士，微笑着说：“小朋友，把裤子脱下来，要打针了。”朵朵有点害怕地问：“护士，打针疼吗？”我说：“打针有点疼，你很勇敢，不怕疼是不是？”朵朵受到了鼓励，鼓起勇气说：“我不怕。”打完针以后，朵朵高兴地说：“谢谢护士！”我仍然微笑着说：“不用谢，祝你早日康复！”朵朵说了声：“护士阿姨再见。”然后蹦蹦跳跳地走了。

在家庭中，通过跟宝宝玩一些角色游戏，可以让宝宝更多地了解一些职业的要求，在语言上得到锻炼，而且也可以在游戏中得到乐趣和加深亲子感情。

另外，通过歌谣的形式认识各种人的职业，也是很生动、很有趣的学习体验，很受小宝宝的欢迎。有的歌谣有对各种人物和职业的描述，可以让宝宝进一步地认识各种职业，了解各种职业，比如这首《职业儿歌》：“小红的爸爸是警察，小红的妈妈是护士，小红的爷爷是工人，小红的奶奶是老师，小红的叔叔是司机，小红的阿姨是售货员，小红自己是学生，长大励志当医生，女的统称是女士，男的统称是男士。”歌词朗朗上口，容易背诵和记忆，用稚嫩的童声唱出来可爱亲切，而且内容丰富，不仅展示了各种人物的职业，同时还有很多称呼，对于宝宝来说更具有吸引力。

妈妈有话说

所谓职业，就是我们所说的工作，如医生、警察、教师、法官、厨师等。爸爸妈妈可以利用周围的环境来教育宝宝，有意识地教宝宝认识周边人的职业，让其对职业有一个初步的了解，为将来热爱自己的职业奠定良好的基础。

专家方案

2~3 岁宝宝的认知能力发展比较快，爸爸妈妈可以利用这段时间加强宝宝对外界的认识，而认识不同职业可以丰富宝宝的社会常识，发展他的认知能力，同时还可以锻炼宝宝的语言能力，让他学会更好地表达。

一是爸爸妈妈要让宝宝从身边亲近的人的职业认起，比如爸爸的职业是什么，妈妈的职业是什么，奶奶的职业是什么……

二是爸爸妈妈要利用日常生活教宝宝认识不同职业的人，比如吃饭时认识服务员，过马路时认识交警，在学校里认识老师，在医院里认识医生……

三是爸爸妈妈可以利用游戏的方式教宝宝认识不同职业的人及他们的工作性质。

四是爸爸妈妈可以利用唱儿歌的方式教宝宝认识不同职业人的称呼。

这个像什么

春天家里养的迎春花开满了枝头，一下子给家里增添了不少生机。一天，我和朵朵一起观赏迎春花，朵朵高兴地问这问那，一会儿问："迎春花只在春天开花吗？"一会儿问："迎春花的颜色有几种？"……我都一一为她作答。该轮到我发问了，我用很欢快的语调对朵朵说："朵朵，来仔细观察一下迎春花，妈妈要问问题啦！"朵朵很乐意，赶紧说："是，妈妈！"我问："迎春花远看像什么？"朵朵接过我的话说："像——"大概思考了五秒钟后，大声说："像星星。""那近看呢？"我继续问，这次朵朵没有急着回答，而是一边观察一边思考，然后说："像蝴蝶。"

朵朵的回答让我太满意了，因为我根本没有教过这些。不过，朵朵的回答也在我的意料之中。因为在平时我特别注意让朵朵观察各种各样的事物，比如天上的星星、月亮、太阳；公园里的蜜蜂、蝴蝶、蜻蜓；大街上的高楼、汽车；田野里的花花草草……这些都为朵朵展开多姿多彩的想象埋下了很好的伏笔。接着朵朵的兴致越来越高，我继续提问："那迎春花的花形像什么？"朵朵一如既往地高着嗓门说："像小喇叭。""那什么花的形状也像小喇叭呢？"这一问显然对朵朵来说猝不及防，她先是用很疑惑的眼神看着我，然后摇摇头说："我不知道。"我知道，是该我指点的时候了，于是说："朵朵好好想想，那天妈妈带你去王奶奶家，院子里有什么？"朵朵说："铁盆！""对呀，王奶奶家的院子里有个大铁盆。那王奶奶的屋檐下爬满了什么啊？”朵朵一听，眼睛一下子亮了起来，说：“牵牛花！”我也特别高兴地说：“对呀，牵牛花是不是就像小喇叭呢？”朵朵点点头，说：“对呀，牵牛花又叫喇叭花。”我连连夸赞朵朵聪明。然后接着问：“那迎春花的花瓣像什么呢？”“像——小蜜蜂的翅膀！”“哇，妈妈的好朵朵，你的想象力真丰富！”

爸爸妈妈在育儿的过程中，面对一些事物可以多问宝宝“这个像什么呀”，这样的问题会让他发挥自己丰富的想象力。但需要注意的一点是，如果爸爸妈妈想培养宝宝的想象力，而不是想教宝宝指认东西，就一定不要问“这是什么”这样的问题。因为这样的问题很容易局限宝宝的想象，得到的答案往往是宝宝看到什么说什么，比如妈妈指着月亮问宝宝“这是什么”，宝宝的回答肯定是单一的“月亮”，但是如果妈妈指着月亮问宝宝“这个像什么”，宝宝肯定会有“镰刀、圆盘、香蕉、小船、圆饼”等一大堆答案，这对宝宝尽可能地发挥想象力起到很好的作用。而且通过宝宝不断的想象，大脑中会对各种事物进行整理、回忆，有利于宝宝语言能力的巩固和发展。

妈妈在宝宝一岁半时，就可以和宝宝玩“这个像什么”的游戏。这个游戏可以先从一些简单的事物开始。随着宝宝认知能力的增强，妈妈可以逐渐选择一些比较复杂的事物问宝宝“这个像什么”，尽可能多地让宝宝说出不同答案。

想象力训练可以给右脑细胞更多的刺激。只要宝宝不厌烦，就可以经常和他玩能锻炼想象力的游戏。如，在晴朗的天气里，爸爸妈妈可以和宝宝躺在草地上观察天上的云朵，启发他将不同形状的云朵看成动物、仙女、天使等。也可以让宝宝根据自己的想象说一说自己的想法、看法。千万不要小看宝宝充满好奇的探索活动，或是傻气十足的“胡思乱想”，因为这些正是他创造能力的初步表现。

记得朵朵3岁那年的秋天，我和老公带着朵朵到近郊的一座小山上玩。

秋风吹落了树上的叶子，地上到处都是一片片红色的、黄色的、棕色的、黄绿色的落叶。我们玩着玩着就玩起了“捡树叶”的游戏。我捡起一片白杨树叶问朵朵：“朵朵，仔细看看、好好想想，这片树叶像什么？”朵朵伸出自己的小手，说：“像一只小手。”这是朵朵根据树叶的形状给出的答案。我又捡起一片银杏树叶，问朵朵：“你看妈妈手中这片银杏树叶像什么？”朵朵回答说：“像一把扇子。”还做出扇扇子的动作。我接着捡起一片柳树叶子问朵朵：“这片柳树叶子像什么？”朵朵嘟着嘴巴说：“它像小鱼，又像兔子的耳朵。”她边说边做出小鱼游水及小兔蹦蹦跳跳的动作。就这样，我们边走边玩，半天下来收获可不小！

爸爸妈妈可以多带宝宝到公园里或者长着许多树的地方去玩，这不仅可以让宝宝增长知识，学习到很多新名词，认识到很多不同种类的树木，而且还可以拓展宝宝的想象力。宝宝可以在树林里自由自在地走、跑，模仿刮风的声音及树叶飘落的动作，也可以随意捡取地上的落叶。爸爸妈妈可以提出一些问题，启发宝宝的想象并让他回答，如观察手中叶子的颜色及形状，知道它们是什么树的叶子，想象它们像什么东西等。

只要爸爸妈妈在日常生活中多问宝宝几个“这个像什么”的问题，宝宝给出的答案不管是什么样的，都会富有活力和生气。如太阳像篮球、像苹果、像灯笼、像西红柿等，有些答案也许是大人都想不出来的，而宝宝却能想出来，所以谁敢说宝宝的想象力不丰富呢？爱因斯坦曾说过：“想象力比知识更重要，因为知识是有限的，而想象力概括着世界上的一切，推动着进步，并且是知识进化的源泉。”由此可见，想象力在人的智力因素中极具创造性，爸爸妈妈一定要从小给宝宝创造一个适应发展想象力的思维空间，更要给宝宝塑造一个大胆质疑问难、探究及发现的空间，多角度、多方位地培养宝宝的想象力，促进其语言进一步发展。

妈妈有话说

宝宝在说话或者指认物品时，是激发宝宝发散性思维的最佳时机，这时家长不妨多问宝宝几个“这个像什么”“那个像什么”这样的问题，让宝宝试着根据自己的想象说出答案。经过日积月累，宝宝在表达自己意愿的时候就会进行想象，宝宝在说话的时候就会变得更有意思，表达更为丰富，也更具有创造性。

专家方案

家长在平常要多问宝宝“这个像什么”“那个像什么”这样的问题，让他通过自己的想象看待事物，这对培养宝宝的想象力，锻炼宝宝的语言表达能力非常有效，同时还能听到一些充满童趣的回答，很有意思。

一是爸爸妈妈要让宝宝多观察日常生活中的物品，特别是外形很相似的物品，这样能为宝宝展开丰富的想象提供更多的素材。

二是爸爸妈妈要注意拓展宝宝的想象力，面对一件物体，让他们尽可能多地说出不同的答案。

三是爸爸妈妈要让宝宝在大自然中增长知识，学习新词汇，丰富想象力。

认识你真好

宝宝1岁以后，随着肢体运动的迅速发展，运动的空间也随之扩大，自我意识开始萌发，不过这个时候他还不能感悟自己和别人的情绪和情感。到了2岁以后，宝宝就开始喜欢和其他小朋友一起玩了，内心里渴望和其他同龄的小朋友一起做游戏。

玩是宝宝的天性，也是其实践和学习的过程。宝宝通过玩可以认识和感知世界；通过玩可以充分发挥想象力和创造力；通过玩能提高实践能力、思维能力及解决问题的能力，以及开发智力，促进大脑发育。但是在宝宝玩的过程中，有很多游戏如藏猫猫、过家家等需要在别人的配合下才能进行，有些游戏需要遵守一定的规则。只是，有时候爸爸妈妈的作用并不能和同龄小朋友们相比。在游戏中宝宝需要其他小伙伴的促进，他需要友谊，而这些常常是爸爸妈妈无法满足宝宝的。因此，在这个时期，爸爸妈妈应鼓励宝宝和其他小朋友一起玩。通过各种游戏不仅可以让宝宝学会怎样和别人合作，加强和玩伴之间的友谊，养成良好的社交习惯，而且也让宝宝在游戏中学会和小伙伴怎样交流，使语言表达能力得到增强。

朵朵在上幼儿园以前，由于我和一位朋友同住一个小区，且她的女儿佳佳与朵朵年龄相仿，所以我们经常带着孩子相互串门，在宝宝的教育问题上进行交流。这使得朵朵和佳佳从小就在一起玩耍，彼此间也有了比较融洽的友谊。在朵朵快3岁的一个星期天的早上，我带着朵朵在小区的花园里散步，正巧遇到佳佳骑着一辆新买的童车在我们面前经过。朵朵看见后很羡慕，对我说：“妈妈，我也想玩。”可是当时我并没有给朵朵买童车。于是我对朵朵说：“朵朵再等几天，妈妈给你买好不好！”朵朵用很不情愿的表情看着我，忽然朵朵指着佳佳的童车说：“我要骑佳佳的车。”我就笑着对她说：“那你去问问佳佳，看她愿意把车子借给你骑一会儿吗？”朵朵一听，眼睛里马上露出了喜色，拉着我的手来到佳佳跟前，好像很不好意思地对佳佳说：“佳佳，能借我玩一会儿吗？”由于佳佳正骑得很带劲，很强硬地就把朵朵的请求拒绝了。我原以为朵朵就此放弃，会乖乖地离开的。没想到朵朵丝毫没有放弃的意愿，追着佳佳说：“你借我玩玩，等我妈妈明天买回来，我再借给你玩，好不好？”这次佳佳很痛快地答应了，朵朵骑着童车高兴地玩起来。我心里很是高兴，没想到朵朵与佳佳的几句交流，就顺利地满足了自己的愿望，而且让佳佳主动让步。真是不能小看她的语言表达能力和人际交往能力呀！

上例中，朵朵通过自己的方法赢得了小伙伴的让步。其实，从朵朵有了交朋友的愿望开始，我就很留心帮她找玩伴，会经常约几个好朋友带上各自的宝宝一起去郊外或山上野营。宝宝们在一起时间久了，彼此就没有了陌生感，玩起来十分开心。现在，她早就自己学会了一套处理与其他小伙伴关系的方法。

由于现在大部分都是独生子女家庭，宝宝除了爸爸妈妈、爷爷奶奶、姥姥姥爷等身边亲近的人和一堆五花八门的玩具之外，接触外面小朋友的机会少之又少。有的家长怕宝宝被其他小朋友欺负，有的家长怕宝宝在玩时受到伤害……其实，这种过度“溺爱”的方式很不利于宝宝健康成长。因此，作为家长应该为宝宝积极创造条件，让宝宝多认识外面的小朋友，甚至主动帮他找玩伴，多与其他小朋友接触、玩耍，这是培养宝宝健康成长的一个重要手段。宝宝在与小伙伴玩的过程中，他们之间需要不断的沟通，不断的对话，以便游戏能更好地进行下去。在他们相互之间用语言交流的同时，就会使语言表达得越来越流畅，越来越有技巧，越来越有水平。很难想象一个没有玩伴的宝宝性格发展会是怎样的，千万别忽视宝宝过群体生活的必要性。

我曾经遇见过一位妈妈，说她家宝宝在 2 岁的时候，有了认识其他小朋友的欲望。每次听到有小朋友叽叽喳喳地说着话从楼道里走过时，就会情不自禁地打开门伸出小脑袋看一看；每次到广场玩耍准备回家时，总是恋恋不舍地望着其他小朋友。但由于宝宝很内向，认识小朋友的想法总是很难实现。有一次这位妈妈还专门邀请一些宝宝到家里一起玩，由于自家宝宝不会和小朋友们处理关系，总是弄得宝宝们又哭又闹，效果很不好。这位妈妈为此很苦恼，不知该怎样帮助宝宝认识小朋友。

其实，宝宝与其他小朋友和睦相处，与其他小朋友交朋友是一种能力，而学习怎样交朋友是需要花时间练习的。对于宝宝来说最好的学习方法就是实践，主动与同龄小朋友认识、玩耍。所以，宝宝在一两岁时，爸爸妈妈就可以着手培养宝宝交朋友的能力了。

在朵朵还不到 1 岁时，外面天气暖和的时候，我就经常抱着她到公园里、广场上玩，认识形形色色的人，给她提供多认识、多接触小朋友的机会。如果遇到和她一般大的宝宝，我就会对她说：“你看那个小宝宝，朵朵和她打个招呼。”然后拿起朵朵的小手向小伙伴摆一摆，说：“你好啊！”看见比她大的小朋友跑来跑去地玩，我就会对朵朵说：“你看，哥哥姐姐们玩得多开心，朵朵和他们说，等我长大了也要和你们玩。”有了这样的经历，为宝宝将来和睦地与小朋友们玩耍奠定了良好的基础。

爸爸妈妈不能替宝宝交朋友，但是可以为宝宝找朋友，比如经常有意识地把住在附近的小朋友邀请到家里，或鼓励宝宝邀请邻居家里的宝宝一起玩，接触的时间长了，认识的时间久了，他们自然会成为好朋友。在与小伙伴做游戏的过程中宝宝丰富了社会知识，培养了与人交往的能力，这其中当然包括语言交往能力。

不知爸爸妈妈有没有发现，两三岁的宝宝占有欲特别强，自己的东西很不愿意与小伙伴分享，往往到了令你无法忍受的程度。其实对于这个年龄段的宝宝来说，这是一个十分正常的现象，但这时也是教宝宝理解分享的最好时期。

朵朵3岁时，我专门为她在家里举办了一个小型的家庭音乐会，而且还买了许多好吃的东西，邀请附近的几位小朋友一起参加。其中有很多小朋友也特别喜欢唱歌，就让他们轮着唱，气氛相当好，宝宝们玩得非常愉快。

在音乐会进行的过程中，朵朵表现得非常好，像一个小主人一样招呼着其他小朋友。我鼓励朵朵说："这些好吃的都是用来招待小朋友们的，朵朵可以把它们分给每一位小朋友吗？"朵朵高兴地点点头说："好的。"然后就像小主人一样，把好吃的东西分发到每一位小朋友的手里。其他小朋友接过好吃的以后，高兴地说："谢谢朵朵！"这令朵朵更加乐意将食物分享给小伙伴们了。

通过这次音乐会，不仅让朵朵学会了怎样招呼客人，同时也锻炼了她待人接物的能力，以及懂得与别人一起分享的快乐心情。这个阶段，朵朵大脑里储存的词汇量在不断地扩大，开完音乐会后，她就变得"喋喋不休"，和我一起畅谈音乐会的感受和体验，分享与小伙伴一起玩的快乐。这对她以后步入学校与小伙伴们相处是很必要的。

宝宝们在一起玩游戏是以某种相对固定的方式进行的活动，这样他们就可以彼此影响、相互促进，形成一种特殊的氛围。如果缺少集体生活，没有了游戏的快乐，不仅会使宝宝变得孤单，社会交往能力也会变得很差，不利于其各方面的发展。因此，建议爸爸妈妈主动帮宝宝找玩伴，让他认识更多的小朋友，有充分的时间和小朋友一起交流，得到更多交往的机会，体验到和同伴交往的乐趣。

妈妈有话说

宝宝和其他小朋友交朋友是一种能力，是需要爸爸妈妈在生活中培养的。在和小朋友接触的过程中，为了满足宝宝的这种需求，家长可以在游戏中教会宝宝学习与人沟通交往的能力，并且通过游戏，宝宝能够学会与他人分享快乐，遵守游戏规则，也会礼貌地对待伙伴，为今后学会与人交际做准备。所以，爸爸妈妈不妨试一试通过游戏的方式培养宝宝交朋友的能力。

专家方案

2 岁后，你的宝宝越来越喜欢和同龄的小伙伴玩了，他将会有更多的机会去锻炼社交能力，爸爸妈妈也要努力帮助宝宝结识更多的小伙伴。

一是爸爸妈妈要为宝宝创造条件，鼓励宝宝同其他小朋友一起玩，甚至主动帮助宝宝找玩伴。

二是爸爸妈妈要教宝宝一些与小朋友处理矛盾的技巧。

带宝宝去认识大自然

朵朵六七个月时，我经常抱着朵朵到附近的公园里散步。我会轻轻地和朵朵交谈，指着天空对朵朵说："朵朵抬头看，上面是蓝色的天空，飘着白色的云朵。"朵朵会随着我手指的方向向上看，我接着说，"你看那朵白云是不是很像一条小狗呀！这朵白云是不是像小鸟呀！"走到一棵大树旁，我就会对朵朵说："哇，这棵大树好高呀。"走到花坛前，我就会对朵朵说："这些花儿好漂亮啊！这朵花的颜色是红色的、这朵花是蓝色的、这朵花是黄色的、这朵花是白色的。"朵朵的目光会随着我手指的花朵不停地移动，每当说到花的颜色时，我都会稍微把语调提高一点，以便加深朵朵对它们的印象。

公园的小广场是朵朵最爱去的地方，因为那里养着一群"咕咕"叫的白鸽，它们不停地在地上啄食的动作，特别吸引朵朵的目光。这时我会趁机告诉朵朵："这是鸽子，它们正在吃东西。"然后学一学鸽子的叫声，带着朵朵找一找它们的家。

虽然这个时候的朵朵还不能听懂我对她说的话，也不知道她所看到的事物叫什么、是什么，但是丰富的刺激和感受可以让朵朵从小领略到大自然的神奇和美好，对促进宝宝的观察能力很有帮助，同时为宝宝将来开口说话储存更多的词汇。

人类的认知是从感知开始的。出生不到 1 个月的宝宝就能够感知到声音、颜色、味道等。而后，宝宝的认知仍以感知为主，借助形状、颜色和声音来认识世界，而非依靠语言和知识来认识世界。所以，0~3 岁的宝宝主要的认知活动是针对图形信息而言的，2 岁左右是宝宝认知能力飞跃发展的时期之一，利用大自然来帮助宝宝认识各种事物是提高认知能力的重要方法。

通过感受大自然，认识大自然，朵朵的认知能力、想象能力、视觉能力、语言能力都得到了大幅度的提高。

朵朵 1 岁半时，我们就会带着她去附近的一座小山上玩。朵朵最喜欢的事情就是把各种形状不同的树叶，如杨树叶、柳树叶、松树叶、槐树叶、榆树叶等树叶收集在一起，然后和爸爸妈妈一起观察它们的形状和颜色有什么样的不同。我告诉朵朵说："这些树叶都是绿色的，但是它们也有细微的差别。"然后引导朵朵认识绿色有哪些成员：嫩绿、淡绿、草绿、柠檬绿、翠绿、深绿、灰绿、橄榄绿……真是让人目不暇接、耳目一新。

朵朵 2 岁后，语言能力和肢体动作能力都有了很大的提高，于是我们带她去的地方也相应地多了起来，有时候是树林、有时候是草地、有时候是花园、有时候是小河边……每到一处，朵朵的兴趣爱好就会有所变化，比如在树林里，朵朵喜欢用袋子捡树叶，然后和我们坐在一起给树叶"排排队"，把树叶按照大小、形状或颜色排成几排，然后我们教朵朵说出它们是什么树叶、认识它们的形状；或者让朵朵说说一共有几排，每排有几片树叶，圆形的树叶有几个。到了草地上，朵朵最喜欢的事情就是和爸爸妈妈躺在草地上仰望天空。这时候是激发朵朵想象力的时候，我会引导朵朵观察天上飘来飘去的白云有什么变化，让她发挥天马行空的想象力，根据不同形状给白云起名字：大象、绵羊、小白兔、鱼、小鸡、狗、骏马、老牛、喇叭花……如果朵朵的兴致还很高，我还会引导她根据这些东西编故事。真是其乐无穷！

幼儿期是宝宝想象力较丰富的时期，而想象力的发展与思维、语言的关系很密切。爸爸妈妈要鼓励宝宝表达自己的想法，激发宝宝的想象力。许多宝宝在爸爸妈妈说出一个事物时马上就会联想到很多个与此有关的事物，这正是宝宝富有想象力的表现。所以，爸爸妈妈要在日常生活中细心观察宝宝的表现，不失时机地捕捉宝宝身上随时闪现出的创造性火花。于是你会发现你的宝宝开始学会联想了。

大自然是我们“想象力的教室”，是我们的“活教材”，因为宝宝的心灵在大自然中极容易被触动，会发现许多大人没有注意到的事情，看到大人没有看到的景色。

任何想象都要以感性材料为基础，离开感知就无法想象，而大自然就是感知的源泉，也是想象的源泉，离开它一切都将难以进行。两岁左右的宝宝，正是需要扩大视野、丰富感性知识的时期。所以，爸爸妈妈应多带宝宝到大自然中去直接学习，让他通过自已的亲身实践和体验，从大自然中获得想象力，用语言表达他的想法，在想象的过程中促进语言的发展，在语言的运用中不断扩大想象力。比如，可以多带宝宝去爬山感受大山的雄伟，去湖边感受湖面的宁静，去花园观察各种各样花的形状、颜色，去大海体验大海的波澜壮阔，去草原眺望草原的一望无际……这样宝宝探索自然的兴趣和能力就会提高，想象力就会被激发，接着创造力也就会随之迸发，语言的表达也会随之丰富起来。而且对大自然的热爱可以让宝宝形成善于探索、善于发现的良好品格。

妈妈有话说

开发宝宝的语言天赋就要丰富宝宝的生活知识，而丰富的生活经验是发展宝宝语言的源泉。大自然则是开阔宝宝眼界、丰富宝宝认知的最好去处。因此，爸爸妈妈在闲暇时应多带宝宝到户外观察大自然，如多去公园、植物园、动物园，这不仅有助于发展宝宝的思维能力、想象力，还可以为其储备丰富的词汇，提高他的语言表达能力。

专家方案

敏锐的观察力是促进宝宝发挥其想象力和创造力的源泉，它需要爸爸妈妈从小培养，而大自然是培养观察力的广阔天地。大自然可以给宝宝带来无穷的知识和乐趣，无论对培养宝宝的观察能力还是语言能力都有着不可替代的作用。

一是爸爸妈妈要让宝宝从小领略到大自然的神奇和美好，接受感官上的刺激。

二是爸爸妈妈要带宝宝经常到大自然中玩耍、观察，学习更多的知识。

三是爸爸妈妈要引导宝宝充分发挥想象力，探索大自然。

宝宝告诉妈妈日历的秘密

朵朵2岁3个月时正好遇上了过年，我买了一本内容比较丰富的日历放在茶几上，准备挂在门上，谁知却发现朵朵正乖乖地坐在小凳子上翻看日历。我心想：难道朵朵对日历感兴趣？为了试探朵朵是真的喜欢日历，还是一时兴趣而已，我就很随意地对朵朵说："日历是用来看日期的，爸爸妈妈每天都得看日历，不然不知道今天是什么日子，也不知道哪天是朵朵的生日！"朵朵扑闪着大眼睛，听我这么一说，对日历更是爱不释手，嘴里还嚷嚷着要我和她一起看。她的这一要求正合我意呀，我很高兴地搬一个小板凳坐在了朵朵的身边，然后和她一起翻看起了日历。

我们从日历的第一页翻起，边翻边数："1、2、3、4、5……"一直翻到第三百六十五页。当翻到最后一页时，我告诉朵朵说："1年共有365天，我们每翻1页就是1天。1年又分为12个月，1个月有30天或31天；而且一年有春、夏、秋、冬四个季节。"朵朵很好奇地问我："妈妈，过年是什么季节呀？"我说："过年是在春季，所以过年又叫春节。"朵朵似乎听懂了，很懂事地点点头。朵朵接着问："春、夏、秋、冬是什么？"我说："春、夏、秋、冬就组成了1年。"为了便于朵朵理解，我接着用生活中的实例为朵朵解释道："妈妈带你去公园玩，树叶刚刚冒出小芽、小草刚刚从土里钻出来、天气很暖和，就是春天；树叶很绿、花开得很多，而且天气最热，那是夏天；树叶落在地上，变成黄色、红色时，那是秋天；天气最冷，还经常下雪，家里需要用暖气，那是冬天。”我一边说一边引导朵朵回忆各个季节的特点。我想这时也许她并不明白春、夏、秋、冬四季的真正含义，但起码在脑海里知道它们各有怎样的特点，有了一个初步的印象。我们继续翻日历，我边翻边给朵朵讲一些关于日历的知识。“你看，我们现在要过年了，所以日历的这一页和其他页不一样。”我将日历翻到春节那一页让朵朵仔细观察和其他日期的不同，而且我还告诉朵朵，一年除了春节和其他日期不一样之外，还有很多和其他日期不一样的日子。我又将日历翻到三八妇女节、五一劳动节、中秋节、国庆节等各种节假日的那一天，告诉朵朵一年有各种节假日，然后随便简单地给她讲一下节假日是什么。

当然了，日历中包含着很多各种各样的知识，爸爸妈妈在教宝宝认识日历的时候，一定要按照宝宝的兴趣和理解能力进行，选择适应宝宝学的范围，切不可随便讲、随便说，采取灌输式的方法，那样不仅起不到任何效果，而且还会起反作用，引起宝宝的厌恶，导致以后宝宝对认识日历失去兴趣。而且一次不要认识得太多，可以分层次，按照由简单到复杂这样的顺序教宝宝。比如让宝宝知道一年有多少天，多少个月，一年有几个季节，各种节假日。随着宝宝认知和语言表达、理解能力的不断提高，爸爸妈妈可以随时增加更加有难度、更加丰富的内容教宝宝认识，比如节假日在什么季节，宝宝的生日、妈妈的生日、爸爸的生日分别在哪一天，在什么季节、在什么节日的前边或后边等。

在我们家里，一有时间我就和朵朵一起翻日历。经过一段时间的认识，我说出一个日期，如我说“3 月 12 日”，然后让朵朵自己翻日历找到正确的位置。如果朵朵找出了正确的位置，我会及时表扬；如果暂时找不到，我就会在一旁指点说：“1 月过后是 2 月，2 月过后是 3 月，那 3 月在什么位置啊？3 月 12 就是 3 月的第十二天，朵朵数一数……”经过我的引导和指点，朵朵最后总会将正确的日期找出来，而且越来越熟练。后来只要我说出一个日期，朵朵就会不费吹灰之力将其找到，并且在我的协助下读出星期几和几月几日，以加深印象。

为了更能丰富朵朵的生活知识，扩大语言的词汇量，学习到日历中隐藏的各种秘密，在我和朵朵共同努力下，将一家三口生日那天分别贴上了生日蛋糕的图案；外出游玩的日子贴上小树叶；爸爸出差的日子贴上飞机图案；家庭聚会的日子贴上小红花的图案；开会的日子贴上小喇叭的图案；奶奶来的日子贴上笑脸的图案……通过这些各种各样的图案，朵朵每次翻日历时都会说出这一天是什么日子，那一天是什么日子；这一天干什么了，那一天干什么了。这对于增强朵朵的语言表达能力、语言的连贯性、语言的灵活性都具有很好的作用。同时，在看日历的过程中，还可以让朵朵不断地回忆一些曾经发生过的事情，帮助她锻炼记忆力，为说话提供更多的语言素材。

记得朵朵2岁6个月时，正好遇上三八妇女节，我下班到家后，小家伙给了我一个很大很意外的惊喜。当我一进门，朵朵拿着一张制作精美、上面歪歪斜斜地写着“妈妈，我爱你！”几个字的卡片跑过来，而且边跑边喊：“妈妈，节日快乐！”那一刻，我感动得快掉眼泪了。

经过了解，原来是我和朵朵平时做的日历小图案帮了大忙。那天朵朵在翻看日历时，发现了图案显示过节，便问爸爸：“今天是什么节日？”老公便耐心地告诉朵朵说：“今天是三八妇女节，是妈妈的节日。”朵朵很懂事，便要和爸爸商量着送我个礼物，于是在爸爸的帮助下别出心裁地制作了卡片，还写了字。

从那以后，我发现朵朵对日历里的内容知道得越来越多，生活常识也越来越丰富了。可以说日历记录着朵朵成长的足迹，记录着家庭生活的点点滴滴，现在翻看起来都感觉历历在目。宝宝通过认识、了解日历及相关知识，可以渐渐地建立起时间的概念，明白日月交换的自然规律；还可以知道对生活中的事情要做计划，并按照计划去做事。这为宝宝长大以后更好地学习、工作打下了基础。

妈妈有话说

教宝宝认识、了解日历，不仅可以丰富宝宝的生活常识，增加认字数量，而且还能扩大宝宝的知识面，提高认知能力，为宝宝今后有效利用时间奠定基础。家长要不断教宝宝日历中所包含的各种知识，并把这些运用在日常生活中。因此，家长在生活中要为宝宝提供各种条件，让宝宝经常查看日历，让宝宝掌握认日历的本领。

专家方案

很多爸爸妈妈最关心的问题是："什么时候教宝宝学认日历最合适呢?"一般来说，在宝宝会认阿拉伯数字 1 ~ 31，汉字数字一至十，汉字年、月、日、星期等字以后，就可以教宝宝认日历了。

当然，爸爸妈妈也可以教宝宝在认识日历的过程中认字，在认字的同时学习认识日历，二者是可以互补的。但不管怎么教，都要遵循循序渐进的原则，不能急于求成。

一是爸爸妈妈要先从简单的知识教起，逐渐过渡到难点。比如先教宝宝知道一年有多少天、有多少个月，每个月又有多少天。然后再教宝宝认识 1 月 1 日是一年的开始，一年的最后一天是 12 月 31 日。12 个月中有大月，有小月，大月 31 天，小月 30 天，唯独二月是 28 天或 29 天等相关的知识。

二是爸爸妈妈要教宝宝掌握星期的概念，让宝宝懂得 1 个星期有 7 天，排列顺序是从星期一排到星期日。

三是当宝宝掌握了有关日历的知识后，爸爸妈妈继而应不断深化教会宝宝看日历的方法：先看年，后看月，再看日，最后看星期。

四是爸爸妈妈要让宝宝随时去查阅日历，回答“今天是星期几”“今天是几号”等问题。

几何图形变变变

朵朵快3岁的一天，她拿起一块圆圆的饼干在上面咬了一口后，便自娱自乐地玩起饼干来了，一会儿将饼干这样放着，一会儿将饼干那样放着，似乎在观察它们有什么不同之处。一会儿朵朵很高兴地大喊："妈妈，快过来。"我放下手中的活儿来到朵朵跟前。朵朵指着被她吃掉一块的饼干说："妈妈，你看饼干像不像月亮啊！"我点点头说："对呀，这块饼干被朵朵一咬真成了月牙儿了。"朵朵高兴极了，于是又在饼干的另一头咬了一口，仔细地观察起来。过了一会我问朵朵："被朵朵咬了两口的饼干像什么呢？"朵朵将小手指放在下巴上思考了一会儿，忽然脸上出现了兴奋的表情，说："像一个苹果核！"朵朵的这一回答的确令我很吃惊，因为我并没有想到饼干的形状到底像什么。所以说，爸爸妈妈千万不要小看宝宝的想象力，有时候大人不一定比宝宝想到的东西更多、更形象。

通过这件事情，我觉得朵朵具有一定的图形发散能力了，应该再加强一下。因为，宝宝的图形发散能力发展良好，就表明宝宝的思维流畅，想象力也会随之丰富起来，在语言的运用和表达上相应地就会得心应手；而一个图形发散能力不足的宝宝，必然在今后的发展中变得缺乏变通性和灵活性，一旦没有了明确的指示，就会影响任务的完成，在语言运用上也缺乏流畅性和丰富性，会使语言变得空洞无趣。

于是，我拿起一张白纸在上面画了一个圆形，表示饼干，然后引导朵朵将其一部分“吃掉”。游戏就此开始了，我指着纸上的图形问朵朵：“妈妈画了一块圆圆的饼干，被朵朵咬掉一口后变成了什么样子？像什么呢？”因为有了以前的经验，朵朵毫不犹豫地就回答出：“像月牙儿！”我接着说：“如果妈妈在上面添上几笔，又会变成什么呢？”说罢，我在月牙状的图形中画了一个黑色的圈，再在外面画了几笔。朵朵仔细地观察这个图形，然后抬起头看了看我，很得意地说：“像眼睛！”“哇，朵朵太棒了！你是怎么发现的？”我故作惊讶。朵朵更得意了，说：“它像妈妈的眼睛！”“是吗，它有什么特点呀？”朵朵一边用小手指指着图形中间的圆圈一边说：“这是眼珠子。”然后又指着外面的那几笔说：“这是睫毛。”听完朵朵的话后，我连连夸赞朵朵观察得仔细。接着我又在月牙状的图形里画了一个小月牙，问朵朵：“这个像什么？”朵朵看了一眼马上说：“像饺子！”我点点头表示赞同，说：“那你觉得它还像什么？”朵朵有点疑惑了，想了想后摇头说：“不知道。”我引导说：“它像不像一种水果啊？”“像橘子瓣！”没想到朵朵的思维这样敏捷，经我稍加提示，竟然马上想到了答案。我接着把图形填成耳朵、碗、帽子等形状，让朵朵猜猜它们像什么。朵朵每一次回答都令我吃惊的同时带着几分窃喜。

这个游戏不仅让朵朵明白了对“饼干”进行适当的变化可以产生不同的图案，还让宝宝通过自己的想象说出它们分别成了什么，同时培养了宝宝对图案信息进行创造性处理的能力，这种变化就是发散思维变通性和灵活性的体现。宝宝充分运用丰富的想象力，大胆地进行猜测，自己去发现“饼干”被咬掉一口后会出现什么样的形状并说出自己的想法。这种游戏提高了宝宝的思维能力、想象力和语言表达能力。

平时，爸爸妈妈不管有多忙，都要陪伴宝宝玩各种各样的游戏，而培养宝宝发散思维和想象力的游戏在宝宝两岁半以后更要多做。有一次，我在一所幼儿园里看到这样的一幕：老师在图纸上画一个大大的圆形，分别发到每一位小朋友的手中，让他们通过自己的想象在上面添上一笔或者几笔，让其变成另外一个图形。只见有的宝宝会在大圆圈里画上几个更小的圆圈，说这是“被锯掉的树根”，里边的圆圈表示树的年轮；有的宝宝会在圆圈里画上很多点，然后在外围画上一圈锯齿，说这是向日葵；而有的宝宝则会画成月饼、蜘蛛网、盖子……还有的宝宝会另辟蹊径，在圆圈的下半部分画上一个大大的黑点，说这是“爸爸的大肚子，黑点就是肚脐眼”。

2~3 岁的宝宝，认识的图形较少，如圆形、三角形等，会画一些诸如直线、曲线、弹簧线等简单的线条，所以适合拼画一些简单的东西，如樱桃、小花等。在拼画前可以拿着图形和宝宝一起想象一下，这能够增进宝宝对图形的认知及想象力。这个年龄段的宝宝手腕小肌肉发育尚不完善，在填画时妈妈可以握着宝宝的手画图形，填成的图形也要简单易认。宝宝到了 3 岁时，对几何图形和各种事物的认识逐渐丰富起来，这时妈妈可以提供大量宝宝认识的几何图形让宝宝进行填图，并鼓励宝宝说出自己画了几笔后变成了什么，如问宝宝：“你画的是什么?”在宝宝回答妈妈问题的同时促进宝宝语言表达更加流畅和丰富，在想的过程中宝宝会将所有见过的相关事物进行回忆，这样不仅可以促进宝宝想象力的发展，同时还可以锻炼宝宝的记忆力，将所看过的东西转化成词汇、句子表达出来。另外，还可以增强宝宝对绘画活动的兴趣。

其实 3 岁左右的宝宝，有时想象力要比成人丰富，因为他们完全不受知识和生活的局限，自己想到什么就是什么，自己认为是什么就是什么，自己觉得像什么就说什么。所以这个年龄段也被称为是窗口期，是培养宝宝思维能力、想象能力和语言表达能力的最佳阶段。

与此同时，宝宝在握笔为几何图形添画的过程中，渐渐熟练掌握了握笔的动作，可为将来书写做准备。所以，妈妈平时要专门训练宝宝的握笔技巧和熟练度，比如将一些硬纸壳剪成大小不一的各种几何图形，如圆形、三角形、正方形、长方形、梯形等形状，然后将这些图形放到干净的白纸上，引导宝宝右手握笔，左手按住图形板，沿着图形轮廓画图。画完后看图联想出简单的物体，培养宝宝的书写姿势及想象力。

每次和朵朵画好图形后，我就会在图形里画上几笔，然后让朵朵通过自己的想象再画一个与我不一样的物体，这样还有利于培养宝宝的创新意识。任何一种游戏都可以有多种玩法，而玩法不同所达到的效果自然也不同，从中可以培养宝宝的思维能力、想象力和语言表达能力。所以，爸爸妈妈在和宝宝玩时一定要别出心裁，多创造几种玩法，培养宝宝各种能力，使其全面发展。

妈妈有话说

宝宝学习知识，大多源于他们熟悉的生活及周围的环境，比如窗户有长方形的、正方形的、圆形的；毛巾有正方形的、长方形的；糖果有圆形的、椭圆形的、正方形的、三角形的……如果爸爸妈妈在日常生活中将这些图形融进游戏当中，不仅可以启发宝宝爱动脑筋的好习惯，而且可以激发他的学习兴趣，有益于智力开发。

专家方案

帮助宝宝认识几何图形，不仅可以培养宝宝的注意力、想象力、创造力以及语言表达能力，而且可以为以后学习平面几何做准备，可谓是一举多得。那么，在教宝宝认识几何图形时，该从哪几方面入手呢？

一是爸爸妈妈可以在生活中巧用宝宝最爱吃的食物和宝宝玩图形游戏，

如饼干不仅能成为家长引导宝宝学习各种图形的道具，而且还可以由此激发宝宝的想象力。

二是爸爸妈妈要引导宝宝动手，临摹各种各样的几何图形，培养宝宝的书写能力，为今后的书写做准备。

第六章 多学

——宝宝爱学习才能会说话

模仿是宝宝学习技能、探索世界的一种方式，宝宝发声说话也是从模仿开始的。婴幼儿时期是宝宝最善于模仿的时期，如果此时妈妈给宝宝创造良好的语言环境，有意识地让他模仿学习，宝宝很快就能学会很多的词汇。此外，通过模仿，宝宝的语言表达能力和理解能力得到提高。生活中，模仿无处不在，爸爸妈妈只需用心，引导宝宝多学即可。

不要学宝宝的儿语

经过对朵朵坚持不懈地进行语言训练，在朵朵11个月时，有一天她终于发出了“ma-ma”的声音，那时我简直高兴坏了，紧接着她又发出了“ba-ba”的声音。宝宝第一次对爸爸、妈妈的呼唤是那么令人激动，这对于宝宝来说绝对是个里程碑式的成绩。

朵朵渐渐地会说些单音重复的话，如“饭饭”“灯灯”“水水”“糖糖”等。其实1岁左右的宝宝刚开始学会说话，经常会说这些单音节重复的词，这种语言现象称之为儿语。说儿语是幼儿语言发育过程中必经的一个阶段，是语言能力低的一种表现，但这种现象会在成人的正确指导下，随着幼儿语言能力的发展逐渐摆脱。因此，爸爸妈妈在教宝宝说话时一定要尽量避免使用宝宝的儿语，不然会对宝宝学习正规语言造成一定阻碍。

朵朵在1岁左右时，每次肚子饿的时候，就会“饭饭、饭饭”地叫个不停。这个时候我会用柔和的声音回应朵朵说：“朵朵饿了，要吃饭啦！”当朵朵口渴想喝水的时候，就会叫“水水”，我回应她说：“朵朵想喝水啊。”而不是顺着朵朵的话说：“朵朵饿了，要吃饭饭啦。”“朵朵渴了，要喝水水啦。”

宝宝在1~2岁这个阶段，常常喜欢用单词或者简单句表达自己的想法，如“饭饭”表示“我要吃饭”的意思，而“水水”表示“我要喝水”的意思。宝宝表达的意思中所使用的词性一般只有名词和动词，有时候一个词还可能要表达很多种意思，名词也会作为动词来用。

在生活中，面对宝宝的要求，有些家长在听到刚会说话的宝宝说出儿语时，觉得挺好玩，会不由自主地学宝宝的样子，也用儿语回应宝宝，重复“宝宝喝水水”“宝宝吃饭饭”这样的儿语，这是不可取的。这种低水平的语言交流是不利于宝宝语言发育的。

宝宝一旦习惯了用儿语说话，以后就很难摆脱儿语。当他们长大些，还是用儿语来和同龄宝宝说话时，就显得很幼稚，爸爸妈妈再也不觉得好玩了，这时候还要花上一段时间来纠正宝宝的儿语。所以，要把一切不利因素都消灭在萌芽状态，不要任其发展起来后再去处理。

在这一点上，我几乎从不会用儿语和朵朵进行交流，即使朵朵说的是儿语。比如看到一辆汽车过来了，朵朵会指着汽车说：“嘀嘀。”这时候我会纠正并引导朵朵说：“朵朵看，这是汽车，一辆白色的汽车。”这样就告诉朵朵这个“嘀嘀”叫汽车。等再次见到汽车后，我问朵朵说：“朵朵看，这是什么？”如果朵朵回答的仍是“嘀嘀”，我会继续用正规的语言引导她，说：“这是汽车。”这样反复几次过后，再遇到汽车时，朵朵就知道这个不是叫“嘀嘀”，而是叫汽车了。在与朵朵不断的交流中，我把朵朵每一个用儿化语表达的词语或句子都用正规的语言表达出来，教给她。随着朵朵语言能力的增强，她说儿语的现象也逐渐成为过去。

有一次我带着朵朵去一个朋友家里做客，她的宝宝年龄和朵朵差不多，两个小家伙一起玩得很开心，好半天都没有红过脸。过了一阵后，她家宝宝跑到妈妈跟前不停说：“果果、果果。”朋友见状，马上顺着孩子的话说：“宝宝，苹果，妈妈拿。”朋友采取将一个完整的句子折散成单个词语的方式对宝宝进行表达的方法，我觉得也是不可取的。于是，我就和朋友说了自己的想法，朋友也感觉这种表达有问题，但总是担心说一个完整的句子宝宝会听不懂或难以理解。

像上例中的朋友一样，用这样的方式对宝宝表达的爸爸妈妈不在少数，比如想表述“宝宝想吃梨，还是苹果”时会说成“梨、苹果、宝宝、这个、那个”这样的单个词来表达。家长总认为宝宝太小，说完整的句子可能听不懂，其实这是完全没有必要的。爸爸妈妈应直接使用规范的、完整的语句向宝宝表述，可以多重复几遍，尽量保证使用的句式长度或难度略高于宝宝的理解能力即可。

另外，爸爸妈妈需要注意的一点就是：在和宝宝进行交流时，尽量减少用肢体言语表达，多使用口头语言来表达。

妈妈有话说

宝宝说儿语，是语言能力低的表现，是幼儿语言发育过程中的一个必然阶段。宝宝喜欢说重叠的字音，或者用象声词代替事物的名称，是因为宝宝的大脑发育尚不成熟，发音器官还缺乏锻炼的缘故。在这个阶段，爸爸妈妈要纠正并引导宝宝使用规范、正确的语言，而不是顺着宝宝用儿语交流。宝宝大脑发育较快，求知欲很强，如果宝宝总是使用儿语，就会使语言潜能得不到更好的激发。

专家方案

许多家长对宝宝说话时喜欢用“儿语”，如“宝宝吃饭饭没有”“宝宝该睡觉觉了”，他们担心正规的语言宝宝不能理解，其实这种担心完全是多余的。那么，怎样克服和宝宝用儿语交流的坏习惯呢？

一是爸爸妈妈不要把完整的语句拆成单个的词语向宝宝表达，要直接使用规范的、完整的语句表达意思。

二是爸爸妈妈不要模仿宝宝说话。宝宝的语言能力是有限的，他喜欢重复发音，因为这样不用费力，容易发出，但爸爸妈妈没有必要跟着宝宝一样用儿语。

三是肢体语言应在宝宝难以理解时适当地辅助使用，爸爸妈妈尽量不要过多或者直接使用肢体语言。

模仿小动物的叫声

宝宝对小动物的喜爱似乎是天生的，不管是小动物玩具还是活生生的小动物，他们都非常喜欢。所以，宝宝最初学习到的知识，很多都是关于小动物的。朵朵刚学说话那会儿，我买了一套儿童学习复读机，里面有各种小动物图片，一按就会发出声音，告诉宝宝这是什么动物，是怎么叫的。所以，朵朵学会说话后除了叫爸爸、妈妈、爷爷、奶奶等亲近人的称谓之外，小动物们的叫声是她最早学会的。

朵朵 14 个月左右时，在家里我们最常玩的一个游戏就是“学小动物叫”。我准备好小鸡、小鸭、小猫、小狗、小羊、青蛙的图片，然后对朵朵说：“朵朵，看妈妈这里有许多小动物图片。听听声音，猜一猜妈妈学的是哪种动物的叫声?”然后我模仿动物的叫声，朵朵根据叫声找出相应的图片。刚开始时，朵朵并不能找到正确的图片，只是随便拿起一张图片递给我，或者干脆把所有的图片都收集在一起。这时妈妈一定要有耐心，不要气馁，要多引导宝宝认一认动物，多模仿动物叫几次。时间一长，宝宝就会把叫声和动物的图片联系起来了。大概经过一周左右，在我坚持不懈的引导下，朵朵不仅能准确地找到相对应的图片，而且还能模仿出几种小动物的叫声。当然，和朵朵玩这样的游戏，我并不仅仅局限于一种玩法，而是别出心裁变着花样引导朵朵模仿动物的叫声。所以，有时候我们还这样玩：我说出动物的名称，朵朵取出图片并发出该动物的叫声；有时候是我拿出一种动物的图片，朵朵说出它的名称，并学一学它的叫声。

学动物叫是宝宝语言模仿技能的一个重要训练。人与动物具有一种天然的亲近性，宝宝很容易与动物接近，对动物产生浓厚的兴趣。多接触小动物，宝宝自然而然就能模仿动物的叫声了。

从朵朵16个月开始，我几乎每个星期天都带着朵朵去郊外的乡村或者是市区的动物园去玩，让她近距离观察各种小动物。因为在宝宝狭小的活动空间内是见不到这些动物的，只有扩大活动范围才能让宝宝接触到更多的动物，从而近距离地认识它们的特征，听到它们真正的叫声。比如，乡村里有小猪、小鸡、小鸭、小鹅、小狗、小猫、小马、小牛、小羊等家畜家禽和宠物，动物园里有大象、长颈鹿、大熊猫、狮子、老虎、猴子等野生动物。每见到一种小动物，我就对朵朵说这是什么动物。比如见到一只小羊，我就会告诉她说："这是一只小羊。"然后提醒朵朵注意听一听小羊是怎么叫的。当小羊发出"咩咩"的叫声后，再让朵朵模仿，学一学它的叫声。当然，引导宝宝认识动物，不仅仅是要让他模仿动物的叫声，还可以扩大宝宝的知识面，帮助他学习更多关于动物的知识，引导宝宝观察动物的特征，尤其是一些比较明显的特征。比如看到大象，引导宝宝注意观察象鼻子，看到猴子要引导宝宝观察它的尾巴……也可以将两个不一样的动物放在一起让宝宝细心观察，看看它们之间有什么不同，然后再让宝宝模仿学一学这些小动物都是怎么叫的。

记得有一次带着朵朵到乡下，有一户人家家里养着鸡、鸭和鹅这三种家禽。朵朵远远地听到它们的叫声就被吸引过去了，看见自己喜欢的小动物，真是兴奋到了极点。经过我的协商，将小鸡、小鸭和小鹅各借用了一只，放在朵朵的面前，对朵朵说："朵朵看看它们哪里长得不一样？"朵朵一会儿看看鸭子，一会儿看看小鸡，一会儿又看看小鹅，经过一番仔细的观察，朵朵终于找到了不同，高兴地说："嘴、嘴。"因为这个时候朵朵刚学会说话不久，语言表达能力有限，说“嘴、嘴”我知道是指它们的嘴不一样。于是，我就问道：“朵朵说它们的嘴不一样是吧？”朵朵点点头“嗯”了一声。我继续引导说：“是呀，你看鸭子的嘴是扁的，而小鸡的嘴是尖的。”说完后鼓励朵朵说“扁的”“尖的”，朵朵看着我的嘴型，跟着说：“扁的，尖的。”

在朵朵找小动物的不同之处的时候，小鸭、小鸡、小鹅都在不停地叫着，我说：“朵朵给妈妈学一学小鸡是怎么叫的？”朵朵就模仿小鸡“叽叽”叫了几声，然后再问她：“小鸭是怎么叫的？”朵朵先认真地听了一遍，之后学鸭子“嘎嘎”叫了几声……

宝宝模仿动物的叫声，有时候模仿得并不是很像，这时爸爸妈妈不要急于纠正。因为宝宝刚开始学说话，还没有很好地掌握各种发音技巧，发音不准是很正常的。所以，不要要求宝宝模仿得很像，只要宝宝能用拟声词表达出来即可，比如将鸭子的“嘎嘎”发成“kaka”，小猫的“喵喵”发成“momo”，小牛的“哞哞”发成“mumu”等。

儿童学习语音，最初是简单的条件反射性质的活动，自言自语或模仿他人说话。我们常会看到宝宝边模仿动物的姿态，边学着“汪汪”“喵喵”的叫声，这些很简单的模仿，宝宝非常容易掌握。而且宝宝在模仿小动物叫声的过程中，既了解了动物的特征，又练习了正确的发音，对宝宝的语言发展有很大的帮助。

当然，模仿小动物的叫声一定要建立在认识和熟悉动物的基础上，而了解动物最好的途径就是实地观察、近距离接触，让宝宝真真切切地看到活生生的动物。如果没有实地观察小动物的条件，爸爸妈妈可以让宝宝多看一些相关的影视资料，让宝宝从中认识到真的动物，听听它们真的叫声，而不要一味地从图片上认识一些卡通图案的动物，这对宝宝的认知会产生一定的局限性。

通过家庭游戏和实地观察，朵朵不仅认识了图片上的各种卡通动物，而且还熟悉了现实生活中的动物并了解了它们的外部特征、动作特征以及真正的叫声，这不仅顺应了朵朵喜爱小动物的天性，感受到了其中的快乐，而且在模仿各种动物叫声的过程中，学习到了发音技巧，为今后准确发音打下了良好的基础。

妈妈有话说

宝宝们最初的发音是出于自己本能的条件反射，不带有任何意义。宝宝通过学习小动物的叫声，如“喵喵”“汪汪”“咩咩”“叽叽”等简单的音，可以让宝宝对语言有一个比较初始的概念，而且这些拟声词对宝宝来说是比较容易学会的，能激发宝宝更强烈的学习语言的兴趣。所以，爸爸妈妈不妨在宝宝牙牙学语之时，让宝宝多模仿一些小动物的叫声。

专家方案

模仿动物叫声，虽然看似简单，但对宝宝意义重大，它是宝宝一个基本的发声练习。在这些简单的发音中，包含了很多音节，这为宝宝今后更好地学习汉语拼音打下基础。同时，让宝宝模仿动物叫声，也是宝宝体验生活、认识周围世界的开始。

一是爸爸妈妈要通过游戏的方式，让宝宝聆听动物的叫声，模仿动物怎么叫。

二是爸爸妈妈要带宝宝到大自然中近距离观察各种动物，感受动物的叫声，让宝宝对动物的叫声有更深刻的印象。

做个爱读书的好宝宝

阅读对宝宝的智力发育非常有利。大量图文并茂的图书能帮助宝宝从口头语言向书面语言过渡，对他们的想象力、个性以及学习习惯培养都有很大的益处。而一个人良好的阅读习惯是要从小培养的，因此在宝宝出生后不久就可以有意识地让他进行阅读了。科学研究结果显示，经常和爸爸妈妈一同阅读的宝宝在开始上幼儿园时有较充分的准备，而且更有可能在求学生涯中有优异的表现。

对于宝宝来说，只要是和阅读有关系的活动、行为都可以算作是阅读，比如爸爸妈妈为宝宝阅读，宝宝看图画讲故事，宝宝一页一页地翻看书籍……这些都是宝宝在阅读的表现。

自朵朵出生以后，我就一直在有意无意地引导她进行阅读。虽然那个时候朵朵听不懂我在读什么、说什么，但是我经常给朵朵朗读故事、诗歌、儿歌、绕口令等，在不知不觉中朵朵形成了一种良好的习惯——每次听到我的声音时都会特别的安静，似乎是在享受这一刻的阅读时光。当朵朵八九个月大的时候，我就把她抱在怀里让她翻看图书，给她讲述书中的故事、引导她看图画，让她认物品。就这样，我给朵朵朗读、讲故事成了朵朵生活中不可或缺的一部分了，她越来越爱听我给她讲故事，一直延续到现在，从未间断过。其实在婴儿期为宝宝阅读什么内容固然重要，但更重要的是爸爸妈妈抑扬顿挫的声音能对宝宝产生感染力以及爸爸妈妈能与宝宝一起度过一段愉悦的亲子时光。而且宝宝在妈妈绘声绘色的朗读声中，感受到朗读带来的乐趣，体验阅读的美妙。相信这样会使宝宝形成良好的阅读习惯，将来宝宝会喜欢阅读的。

为宝宝选择合适的书籍和绘本是培养宝宝阅读能力的关键。试想一本不适合宝宝或者宝宝不感兴趣的书籍，即使内容再丰富、情节再生动也难以起到相应的效果。所以，在书籍的选择上妈妈也要下一番工夫。任何一个宝宝，在开始认知时，都喜欢看一些、听一些与自己有关的事物。因此，妈妈不妨利用宝宝的这一特点，将与宝宝有关的物品，如玩具、奶瓶、食物、照片等拍成照片做成书籍，一边和宝宝翻阅一边给宝宝解说，这样更能吸引宝宝的注意力，让他产生继续阅读的兴趣。

在朵朵 1 岁后，为了满足朵朵更多的阅读需求，我煞费苦心地为朵朵自制了一本与朵朵生活息息相关的书籍。随着朵朵一天天长大，书籍的内容也在不断地变化更新。

爸爸妈妈在为宝宝选择书籍上也要投其所好，如宝宝喜欢具有鲜明视觉形象的画面，可以给宝宝买画面丰富的书籍；如果宝宝喜欢人物画面，可以给宝宝买画面比较单一的书籍。同时，故事情节需要简单明了，故事中的角色不宜太多，应符合宝宝的认知能力，这样便于宝宝在体会和理解的基础上充分发挥自己的想象力，激发宝宝的阅读兴趣。

在婴幼儿时期，爸爸妈妈应该先和宝宝一起看图，而不是看字。爸爸妈妈先将图画中所描述的事物用语言表达出来，然后等宝宝熟悉后让他描述所看到的，以提高他的语言技能。需要注意的是：这个阶段的宝宝注意力持续时间有限，所以阅读时间不要过长。

阅读可以改善宝宝听和说的技巧，帮助他开始理解字和短句，学习到更多的词汇、句子以及知识，对其语言表达的连贯性、流畅性、丰富性有着不可替代的作用。所以，对宝宝进行早期阅读指导，除了要让他多感受画面和文字、多听之外，千万别忘了让宝宝多开口说话。爸爸妈妈可以就故事情节与宝宝进行交流，或者在讲故事中巧设问题让宝宝回答，也可以让宝宝看图试着给爸爸妈妈讲故事。

在朵朵两岁半的时候，有一天我看见朵朵正趴在小桌子上认真地翻看一本绘本。我轻轻地走过去，说："朵朵在看书呀！"朵朵抬起头看着我说："是呀。"我说："那你给妈妈讲一讲这幅图画里有什么呀？"朵朵很听话地点点头。于是我们母女俩一起趴在桌子上，讲起故事来了。朵朵指着画面说："有奶奶、小猫、小鸟、兔子、小鸡、花朵、大树……"朵朵一边指一边说，画里所有的东西都被朵朵说出来了，甚至连墙头上趴着的一只小蜗牛朵朵都没有落下。我接着说："它们都在干什么呀？"朵朵观察了一会儿，开始在我的引导下讲故事了："有一个老奶奶干活累了，坐着休息呢。"我点点头表示赞同，说："然后呢？"朵朵一边观察一边说："一只小猫躺在老奶奶的腿上。""它躺在奶奶的腿上干什么？""它正在睡觉。"

在阅读中，朵朵的语言表达能力有了很大的提高，而且生活常识也越来越丰富，在我的引导下还能讲出很多合情合理的故事来。俗话说"书中自有黄金屋、书中自有颜如玉"。可见阅读对人的影响是非常巨大的，它不仅仅体现在语言表达方面，同时也体现在观察能力、注意力、想象力以及情感培养方面。所以说，和宝宝一起读书是家庭教育中一个非常重要的内容。阅读不仅能和宝宝交流感情，建立深厚的亲子关系，同时也能了解宝宝的语言能力、观察能力以及阅读习惯的发展程度，从而进行正确的引导。

刚开始朵朵认识的字有限，总是听我读或者看着图画凭借自己的理解来读；后来女儿认识的字渐渐多了，就开始自己读，但我并未放弃同女儿一起阅读。有时她读我听，有时我读她听，有时候我们分角色读……阅读能增加宝宝的知识，阅读使宝宝的语言能力突飞猛进，阅读使宝宝学习到更多在生活中无法看到的、想到的东西，阅读使宝宝的注意力、观察力进一步提升。总之，宝宝爱上阅读，学到的东西也许一辈子都受用。

妈妈有话说

“1 岁的宝宝刚学说话，能看书吗？”很多家长都会有这样的疑问。所以，许多爸爸妈妈只给宝宝买玩具，而忽略了书对宝宝智力发育的作用。其实，1 岁的宝宝已经具备了看书的能力。看图学说话、看图识字能提高宝宝较强的注意力、观察能力、辨别能力，促进智力全面发展。

专家方案

阅读是宝宝获取新知识、扩大信息量的一个重要途径，而阅读效果的差异直接影响着宝宝对新知识的获取，进而对智能和思维的发展产生影响。所以不管是学说话还是学词汇、学句子，爸爸妈妈都应该早点培养宝宝看书的习惯。

一是爸爸妈妈要大声为宝宝朗读，即使宝宝根本不会说，听不懂，这也没有关系。

二是爸爸妈妈在和宝宝一起阅读时，要考虑到宝宝的阅读兴趣。

三是爸爸妈妈在阅读的过程中要引导宝宝多说话。

学习“你”“我”“他”

刚学会说话的宝宝，“咿咿呀呀”地就能够和爸爸妈妈进行一些简单对话了，但爸爸妈妈却发现宝宝根本分不清“你”“我”“他”这三个代词，以至于经常会闹出一些令人哭笑不得的笑话。刚开始爸爸妈妈还信心十足地教宝宝，时间长了如果宝宝还没有分清楚，爸爸妈妈就很郁闷、很着急了。其实，爸爸妈妈没有必要担心，绝大多数刚会说话的宝宝都会经历这样一个阶段，分不清“你”“我”“他”。这不是宝宝的问题，是因为语言中“你”“我”“他”这样的词具有相对性，而宝宝还没发展到能够理解相对关系的阶段，因此不能掌握好这些词是很正常的现象。

记得朵朵1岁多时，也是分不清“你”“我”“他”这三个人称代词。有时候我给她削好苹果后问她：“你吃不吃?”她会很高兴地接过苹果，然后回答说：“你吃!”我拿着玩具问她：“谁给你买的?”她接过玩具会说：“你爸!”

1岁多的宝宝对人称代词可能还不完全理解，一开始教宝宝学说话时可以先用妈妈或者宝宝的称呼来代替“你”和“我”，这样宝宝比较容易理解。等宝宝比较熟悉这些人称代词后，妈妈可以逐渐地用“你”“我”“他”这些人称代词来代替称呼。

宝宝慢慢就会发现原来每一样东西都有相对应的名称，便开始积极地学习名词，并用自己组合的名词表达自己的意愿，以及用不符合语法的短语、以复合句或者单词代替句子等，这样的语言表达一直会持续到2岁左右。在这之后，随着宝宝词汇量的增加，以及各种短语说得越来越多，开始进入一个语言组织时期。在这个阶段，爸爸妈妈除了耐心地等待宝宝的成长，还要积极地帮助宝宝理解好相对概念，这既对宝宝的语言学习有帮助，也能够让宝宝加快思维的发展。

教宝宝名称代词和教宝宝说话是一样的，要有一个循序渐进的过程。刚开始，家长不要要求宝宝马上就能把人称代词分得清清楚楚，而是要在日常生活中和宝宝玩或者交流时，慢慢地引导。比如：每天出门穿鞋时，妈妈可以一边给宝宝穿鞋，一边指着宝宝的鞋子说："这是朵朵的鞋子，这是你的！"然后再指一指宝宝；接着再指着妈妈的鞋子说："这是妈妈的鞋子，这是我的！"随后把手指向自己；再指着爸爸的鞋子说："这是爸爸的鞋子，这是他的！"再用手指一指爸爸。在和宝宝玩拍皮球时，妈妈把球传给宝宝并说："把球传给你！"要求宝宝再把球传给妈妈时，妈妈说："把球传给我！"当要求宝宝把球传给爸爸时，妈妈说："把球传给他！"并引导宝宝跟着妈妈说"你""我""他"。在整理衣柜时，妈妈把自己的东西拿出来说："这是我的。"然后把宝宝的东西拿出来放在宝宝的面前说："这是你的。"再把爸爸的东西放在爸爸的面前说："这是他的。"

通过日常生活中的耳濡目染，宝宝慢慢地就会对"你""我""他"这三个人称代词有所了解，为以后更好地分清楚并将其运用到语言中打下基础。

朵朵两岁一个月时，一天晚上，我和她爸爸在一起商量着什么时候回老家转一转的问题。在我们交谈的过程中，朵朵不知什么时候放下手中的玩具，认真地听起我们的谈话来了。发现朵朵在认真听，我赶紧示意老公将语速放慢，说话清楚一些。我说："我想下个月回老家看一看，你觉得呢？"爸爸说："我也是这么认为的，好长时间没有回去了。"我说："到时候把朵朵也带上吧！”老公说：“行，到时候把她也带上。”说罢便用手指了指朵朵，意在让朵朵明白话中的“她”就是指朵朵……我和老公你一言我一语地说着，尽量将每句话表达得完整一点，同时对于用到的人称代词也注意尽量不要省略，以便朵朵在认真听的同时理解“你”“我”“他”分别是什么概念，指的是谁，在听的过程中学会怎样正确地使用人称代词。

其实，在宝宝学习语言的阶段，常让宝宝参与到家庭讨论中，多听爸爸妈妈的交谈，也是一种加快宝宝语言学习的好方法。如果家长在谈话的过程中，发现宝宝对谈话很感兴趣，并且在认真地倾听，这时候不妨稍微放缓说话的速度，注意不要省略其中的“你”“我”“他”，从爸爸妈妈的口中让宝宝能够清晰地区别这三个人称代词。

为了让朵朵感受和区别人称代词“你”“我”“他”，每次老公下班回到家里后，都会大声喊一声：“我回来了！”然后我就会立刻回应一句：“你回来了。”每当这个时候，我就会鼓励朵朵学习爸爸的样子，只见朵朵学爸爸从门外进来，然后一边脱鞋一边喊：“我回来了。”然后我再回应一句：“你回来了。”经过每天这样的重复，朵朵对“你”“我”这两个人称代词有了更深刻的认识。记得有一次她爸爸回家喊：“我回来了！”朵朵急急忙忙地跑出去一边迎接爸爸，一边说：“你回来了。”这时老公不失时机地问一句：“嗯，你妈妈她去哪了？”朵朵指着我说：“她在那里。”朵朵就在日常生活的交流中，在不经意间学会了“你”“我”“他”这三个人称代词。

在家庭生活中，像这样一来一回的对话，几乎每天都会有很多。爸爸妈妈可以鼓励宝宝模仿爸爸或者妈妈的样子，学着说，在不同的情境之中就有了不同的范本和例句。久而久之，宝宝自然而然地就会对爸爸妈妈口中的“你”“我”“他”有了清晰的区别。

当然，爸爸妈妈对宝宝错误地使用“你”“我”“他”要及时给予纠正。我们经常会遇到这样的情景：当妈妈拿着宝宝喜欢的蛋糕装作往自己嘴里送时，宝宝会很焦急地嚷嚷：“你吃、你吃。”而手抓住妈妈的手硬往自己嘴里送。其实这个时候，看着宝宝嘟嘟着嘴巴，“心口不一”的行为，虽然妈妈明明知道他是想要自己吃，但先不必急着给他，不妨等一等，让他先学习正确地表达自己。妈妈可以在旁边引导宝宝：“你是想让我吃，还是宝宝吃？”妈妈可以配合动作和表情，让他更好地理解和区别。然后告诉他：“我以为你要让妈妈我吃呢，如果你想要吃，应该是说‘我吃’，而不是说‘你吃’。”妈妈在最后说“我吃”的时候，可以模仿一下宝宝的口气，让他意识到“我吃”就是宝宝自己要吃的意思。

妈妈有话说

1~1 岁半的宝宝对“你”“我”“他”这些抽象的代词还没有准确的认识，所以先从认识自己开始，是教宝宝认识各种代词最好的方法。而教宝宝认识自己也是一个从简单到复杂、从具体到抽象的过程。首先教宝宝知道自己的名字，等宝宝 1 岁后可以向他灌输年龄的概念，逐渐加深宝宝对自己的认识。当宝宝快 2 岁时，可以教宝宝学习人称代词，在学习的过程中，妈妈可以明确指正，跟宝宝说话，不要说“妈妈”怎样，“宝宝”怎么样。要说“我”怎么样，“你”怎么样。说“我”时就指指说话的自己，说“你”时就指指宝宝。时间久了，宝宝自然就学会了、分清了。

专家方案

2 岁左右的宝宝，生活经验、认知能力逐渐丰富起来，渐渐地具有比较流畅的语言交谈能力，他们开始运用动词，甚至形容词组成的短句来表达。这个时候，爸爸妈妈要帮助宝宝理解相对的概念，加快他们语言思维的发展。

一是爸爸妈妈在日常生活中，要常用“你”“我”“他”这样的称呼。

二是爸爸妈妈要经常给宝宝做示范，明确“你”“我”“他”分别指的是谁。

三是爸爸妈妈可以通过游戏的方式让宝宝明白“你”“我”“他”所对应的人分别是谁。

比一比“多”和“少”

“多”和“少”是日常生活中一对很重要的概念。一般而言，区别多和少要比区别大和小有一定的难度。但是宝宝掌握这两个生活中常用的概念又是非常重要的，这不仅可以促进宝宝在今后语言发展中准确运用“多”和“少”这两个词，而且还能促使宝宝的分类能力进一步发展。所以，在宝宝学会说话后，爸爸妈妈就可以有意识地教宝宝了解“多”和“少”的概念了。

朵朵1岁多时，我就开始有意识地教她认识“多”和“少”了。朵朵很喜欢吃水果，水果中又以葡萄更甚。一次，我给朵朵洗葡萄吃，将洗干净的葡萄放在一个盘子里，没洗的葡萄放在另一个盘子里。正当我准备端着洗干净的葡萄和朵朵一起分享时，脑海里灵光一闪：为什么不利用这个机会，教朵朵认识一下哪个盘子里的葡萄多？还是哪个盘子里的葡萄少呢？于是我将所有的葡萄都洗干净，然后按照一多一少分别放进两个盘子里，两个盘子里的葡萄多和少比较明显。当我把盘子放到桌子上之后，朵朵就用小手迫不及待地抓葡萄。我温和地说：“来，妈妈给朵朵剥葡萄吃。”然后剥了一颗葡萄放进了朵朵的嘴里，朵朵高兴极了。趁朵朵享受美味的时候，我一边指着葡萄，一边说：“朵朵，和妈妈一起比一比盘子里的葡萄，这个盘子里的葡萄多？还是这个盘子里的葡萄少。”朵朵的注意力随着我手指的方向移动，然后我继续说：“朵朵指一指哪个盘子里的葡萄多，哪个盘子里的葡萄少？”朵朵还是第一次有意识地听说“多”和“少”这两个概念。她认真地观察起来，一会儿朵朵用小手指着其中一盘葡萄说：“葡萄多。”我知道朵朵并不知道哪个多哪个少，是随便乱指的，因为朵朵并没有正确地指出来。我继续引导说：“朵朵摸一摸，两盘葡萄有什么不同？”然后我拿起朵朵的小手在每盘葡萄上摸一摸，让她感受一下“多”和“少”在触觉上有什么不一样的地方，摸完后我对朵朵说：“是不是这个盘子里的葡萄多，那个盘子里的葡萄少呀？”朵朵一会儿指着这个葡萄盘，一会儿指着那个葡萄盘，嘴里不停地说着：“葡萄多。”“葡萄少。”但是具体到底哪个多哪个少，此时的朵朵并没有分清楚。

虽然这一次朵朵并没有学会认识“多”和“少”，但起码在她的脑海里对“多”和“少”这两个词有了一定的印象，今后再学习时不会显得很陌生。但需要爸爸妈妈注意的是，1岁多的宝宝还完全没有“多”和“少”的概念，所以在教宝宝认识“多”和“少”时，一定要先示范，告诉宝宝哪个盘子里的水果多，哪个盘子里的水果少，然后再让宝宝辨别哪个多哪个少。

在以后的日子里，我特别注意教朵朵认识“多”和“少”。因为色彩缤纷的水果往往是小宝宝最喜爱的食物之一，要是把这些东西摆在他们面前，立刻就能吸引他们的注意。所以，根据宝宝的这一喜好，我买水果时经常会带着朵朵去挑水果。在琳琅满目的水果店里，有苹果、樱桃、李子、杏、梨、香蕉……然后我让朵朵挑选自己喜欢和感兴趣的水果，并引导她挑选大小差不多但种类不同的水果，比如苹果和梨，李子和杏，也可以选择同一种水果。因为选择大小相差太多的水果不便于宝宝分辨“多”和“少”，所以挑选时一定要注意这一点。宝宝在挑选自己喜欢的水果时，既可以体验购物的乐趣，又能增加对水果的兴趣。

水果挑选好以后，朵朵高兴地带着自己挑选的水果回家了，回家后的第一件事情不是吃水果，而是和妈妈一起认“多”和“少”。

在我和朵朵的共同努力下，将洗好的李子分成两堆，其中一堆放八个，另一堆放四个。将李子摆好后之后，我就会指着四个一堆的李子说：“这堆李子少。”然后再指着放八个李子的一堆说：“这堆李子多。”然后让朵朵重复我的动作和话语，当我话音落下的那一刻让朵朵指认，朵朵马上就能正确地指出来，但时间一长就容易混淆。这说明宝宝对“多”和“少”的概念还没有完全理解，需要妈妈耐心的引导。如果朵朵指认错误，我会重复上面的动作和话语，直到她指认正确为止；如果朵朵指认正确，我会立刻表扬她，从旁边拿一个小葡萄放在朵朵的嘴里以示表扬。然后当着朵朵的面，从多的一堆里拿出四个，放到少的那一堆里，让它们互换位置，并问朵朵：“现在哪个多？哪个少？”朵朵会仔细观察两堆水果的变化，然后指着多的一堆水果说：“这堆多。”又指着少的一堆水果说：“这堆少。”我接着说：“把多的水果给妈妈。”这时朵朵犹豫了，我在一旁提示道：“把看起来‘大’的那一堆给妈妈。”朵朵马上用手去抓多的那一堆水果。

通过上例中比较直观的方法，先让宝宝初步了解“多”和“少”的概念，让他明白同样的水果，看起来“大”的那一堆，就要比看起来“小”的那一堆多。

其实，哪个宝宝在指认“多”和“少”时，都会出现这样的情况：当妈妈告诉宝宝哪堆多哪堆少之后立刻让宝宝指认，宝宝会很准确地指认出来，但是如果时间一长或者将两堆水果位置互换，宝宝就不知道哪个多、哪个少了。其实这种情况是很正常的，这是因为宝宝并没有完全理解多少的含义。这需要爸爸妈妈在生活中不断的训练，为宝宝提供认识“多”和“少”的机会。次数多了，时间长了，宝宝自然而然地就知道“多”和“少”的概念了。

我们经常会遇到这样的情景：当宝宝两只手里拿着不同数量的糖块时，有人逗他说：“给阿姨吃一块好不好？”这时宝宝会看着自己手中的糖块犹豫半天，最后还是会把少的给别人。这说明宝宝对“多”和“少”的概念有了初步的认识，知道哪个手里的糖块多，哪个手里的糖块少，自己留着的当然是多的那一部分了。

教宝宝认识“多”和“少”的机会在生活中很多，任何事物都会有多和少之分。不管是在家里还是在外面，爸爸妈妈都可以让宝宝比较“多”和“少”。比如吃饭时，让宝宝观察自己碗里的饭菜和爸爸碗里的饭菜哪个多哪个少；柜子里宝宝的鞋子多还是妈妈的鞋子多等；吃完饭外出散步的时候，也可以有意识地让宝宝看一下周围什么比较多，什么比较少。在这个过程中，爸爸妈妈不仅让宝宝进一步掌握了“多”和“少”，而且还锻炼了他的观察能力和辨别能力，为他说话提供更为丰富的词汇。

妈妈有话说

不要让宝宝输在起跑线上，这是当前许多爸爸妈妈的心声。而要想让自己的宝宝不输给别人就意味着要尽早地对宝宝进行良好的教育。教宝宝认识“多”和“少”是宝宝成长过程中必不可少的一项内容。从宝宝 1 岁开始，爸爸妈妈在日常生活中就应该有意识地培养宝宝这方面的能力，让宝宝了解“多”和“少”的概念，为以后理解其他词汇打下基础。

专家方案

“多”和“少”在我们的生活中是两个常见的、常用的概念，宝宝从小掌握这两个概念是很有必要的。这不仅可以培养宝宝的分类能力，同时还可以培养宝宝的观察能力，促进语言进一步发展。但是由于宝宝还小，在认识“多”和“少”时会比较困难，需要爸爸妈妈积极引导。

一是爸爸妈妈在开始教宝宝认识“多”与“少”时，所比较的实物数量差距要大些，便于宝宝加深印象。

二是爸爸妈妈在日常生活中，随时可以让宝宝玩“比多少”的游戏，并逐步增加比较的难度，如三个和两个的比较。

三是爸爸妈妈要选择宝宝喜欢的、感兴趣的东西进行比较，以提高宝宝认识“多”和“少”的兴趣和积极性。

让宝宝学会分辨大、中、小

朵朵在1岁半时，我觉得可以用一些小游戏的方式训练她的观察能力，分辨清楚物体的“大”“中”“小”。

我准备了大、中、小3个彩球，然后让朵朵观察，告诉朵朵哪个是大球，哪个是小球，哪个是“中球”。等朵朵认识得差不多了，我就将3个彩球混在一起放在朵朵的面前，然后对朵朵说：“朵朵，把大球捡起来递给妈妈。”朵朵会在3个彩球之间进行选择，刚开始朵朵对“大”“中”“小”这3个概念还不是很清楚，往往是拿起这个放下那个，或者干脆不管大小，直接拿起一个递到我手里。如果朵朵给的球并不是我要的，我就会让她继续分辨；如果朵朵找对了，我马上在她的小脸蛋上亲一下表示奖励，然后再用语言表示称赞。每当这个时候，朵朵显得特别高兴，嘴里“咿咿呀呀”不知说些什么。随后我赶紧趁热打铁，引导朵朵将3个彩球按照一个比一个大的关系排列出来。当然了，按照大、中、小给彩球排序对于一岁多的宝宝来说是稍微有点难度的，所以，妈妈千万不要心急，要循序渐进地引导宝宝熟练地认出大、中、小后，再让宝宝进行排序，这样可以更好地训练宝宝的观察能力，为语言表达积累更多的词汇。

妈妈需要注意的一点是：在选分大、中、小物体时，一定要让它们之间的差异明显一些，这样宝宝才能清楚地将它们分辨出来。同时让宝宝分清大、中、小，不仅是对外形的认识，而且还能进一步锻炼宝宝眼睛的灵敏度，刺激视力发展，训练观察能力。

其实，训练宝宝能够清楚地分辨出大、中、小，在生活中有很多素材和实例都可以用。比如妈妈在收拾晾好的衣服时，可以让宝宝一起参与，让宝宝去拿爸爸的、妈妈的和宝宝自己的袜子，并且让宝宝进行分辨，哪双袜子是爸爸的，哪双袜子是妈妈的，哪双袜子是宝宝自己的，然后告诉宝宝爸爸的袜子是大的，妈妈的袜子是"中"的，宝宝的袜子是小的；比如吃饭用的碗，妈妈可以将其分成大、中、小三类，引导宝宝把小碗放进中碗里，然后再将它们一起放进大碗里；也可以让宝宝分辨大、中、小不等的玩具，让他先把大的挑出来，然后再依次拿"中"的、小的玩具；在和宝宝玩堆积木游戏时，也可以引导宝宝将大的放在下面，小的放在上面等。生活中几乎所有的物品，只要进行比较都可以有大、中、小之分，只要妈妈愿意，它们都可以成为宝宝认识"大""中""小"的道具，是培养宝宝观察能力，促进语言发展的好帮手。

一次我买回几个大小不一的苹果，拿出三个差异比较大的苹果，然后让朵朵挑一个自己吃。朵朵看来看去，最后挑了一个大的。为了进一步了解朵朵是不是真能清楚分辨"大""中""小"，我对朵朵说："把大的给爸爸吃，好吗?"只见朵朵看了看桌子上剩下的两个苹果，又看了看手里的苹果，再看看爸爸，很是犹豫，显然是很不情愿的。见此情景，我又说："把小的苹果给爸爸吃。"朵朵没有丝毫犹豫，马上从桌子上拿起小苹果递到爸爸的手里，说："爸爸小的。"接着我说："把'中'的给妈妈。"朵朵又拿起不大不小的苹果递给了我。通过这个实验，我知道朵朵已经能很清楚地分辨出"大""中""小"这三个词的概念了。

其实，当宝宝对"大""中""小"有了比较清楚的概念后，往往不愿意要小的，总喜欢去拿大的，尤其是在食物方面。在教宝宝分辨"大""中"

“小”的同时，妈妈也可以利用这一生活场景，为宝宝上一堂爱的教育课，让宝宝明白大的应该给爸爸妈妈吃，宝宝吃小的，从小懂得谦让，懂得爱别人，而不是自己独占。

朵朵2岁以后，我逐渐将分辨“大”“中”“小”和识字结合起来，通过实物形象与字的结合，让朵朵更容易理解“大”“中”“小”的概念，而且还获得了更多的书写、认读经验，为以后的写字、阅读打基础。

我把家里储蓄硬币的罐子腾空，分别拿出1元、5角和1分的硬币各三四枚，准备3只小碗。然后用黑色的签字笔在3张大小不一的卡片上分别写上“大”“中”“小”3个字。等一切准备就绪后，我在3个小碗里分别放上1元、5角和1分的硬币，然后让朵朵从剩余的硬币中找出1元的硬币放进1元的碗里，5角的硬币放进5角的碗里，1分的硬币放进1分的碗里。等朵朵将所有的硬币按照规则分好类之后，我就对朵朵说：“朵朵，比一比，哪种硬币大？哪种硬币小？哪种硬币不太大也不太小？”其实对于这个阶段的朵朵来说，指认大中小已经非常熟悉了，所以很快就把硬币的“大”“中”“小”分出来了。

这个游戏还没有结束，因为我们有一个道具还没有上场，那就是3张写着字的卡片，它们有什么用呢？先给朵朵出示3张卡片没有字的一面，让她进行比较后说出卡片的大、中、小，然后再将卡片按照“大”“中”“小”的顺序翻过有字的面，教朵朵认读卡片上的汉字“大”“中”“小”。这对于朵朵来说是一个很新奇的玩法，所以她在读的时候非常认真，不一会儿，就记住了这3个简单的字。最后一步就是让朵朵把这3张卡片放在相对应的碗里。

在这个游戏中，宝宝不仅仅是用观察能力辨认“大”“中”“小”，而且在用手捏硬币的过程中，手指的活动会刺激大脑皮层运动区，使某一些富有创造性的区域更加活跃，有利于提高宝宝的思维能力，同时手脑合用会使宝宝的精细动作更加协调。另外，宝宝通过实物与字的结合，不仅很容易理解

“大”“中”“小”的概念，而且还认识了大、中、小三个字……

妈妈有话说

虽然宝宝还小，甚至还不会说话，但他们也有分辨能力，需要家长耐心、适时地指导。在教宝宝分辨“大”“中”“小”时，要顺应宝宝的兴趣，千万不要强迫宝宝分辨一些物品，要反复告诉宝宝哪个大，哪个小。即使刚开始宝宝不能准确地分辨出来，家长也不要灰心。坚持在玩中学习，时间长了，宝宝就能分辨出“大”“中”“小”来了。

专家方案

“大”“中”“小”是语言中常用到的形容词，教宝宝认识大、中、小，不仅可以使宝宝在大脑里形成“大”“中”“小”概念，能根据实物按“大”“中”“小”分类，而且在手脑并用的过程中，还有利于发展精细动作和专注力。不过，在教宝宝认识“大”“中”“小”时，也要运用一定的方法，不能盲目教育。

一是爸爸妈妈要通过游戏的方式，让宝宝在兴趣中分辨出大、中、小。

二是爸爸妈妈要利用生活用品教宝宝分辨大、中、小，比如分辨袜子、衣服、碗……

三是爸爸妈妈要将大、中、小的实物与字卡结合起来，在比较大、中、小的同时让宝宝识字，将使宝宝更容易理解“大”“中”“小”的概念。

用合理的方法教宝宝学发音

一个朋友很担忧地和我说她家宝宝今年已经2岁7个月了，从她开始学说话时就对拼音字母“g”“k”“h”发音不准确，老是把它们说成“t”或者“d”。刚开始觉得宝宝还小，没有太在意，认为长大了自然而然就能准确发音了，但是，直到现在还没有纠正过来，不知怎样才能让他改正。

其实将字母“g”“k”“h”的音发成“d”或者“t”的音是很正常的现象。因为“g”“k”“h”这几个音都是软腭音，发音部位靠后（舌根），而“d”“t”是舌尖硬腭音，发音部位靠前，对很多宝宝来说舌尖前音相对更容易发音，所以就会出现将“g”发成“d”，将“k”发成“t”等情况。随着宝宝年龄增长，发音控制力会不断增强，自然而然就没问题了。

记得朵朵在2岁时，也出现同样的情况。一次去她奶奶家，家里来了一位亲戚小哥哥，我对朵朵说：“快叫哥哥。”朵朵看见比她稍大的小朋友很高兴，就奶声奶气地叫了声“的的”。然后我又用正确的发音清晰地对朵朵说：“你和小哥哥一起出去玩，好不好?”我专门将“哥哥”这两个字的语调稍微加重一些，让朵朵能清楚地听到我的发音。我平时注意教，这样，等朵朵在2岁3个月时，就把这个音自然而然地纠正过来了。在生活中，只要遇见“g”这个音的字，朵朵几乎都会发成“d”这个音，比如“狗狗”发成“兜兜”“姑姑”发成“肚肚”。我觉得对于这个年龄段的宝宝来说是很正常的。所以，我对于朵朵发不准的音从来都不会刻意去纠正，或者去学她，而是清晰地一遍又一遍重复正确的发音。

我见过很多宝宝在三四岁时都存在发音不准确或者不清楚的情况，比如把“渴了”说成“特了”，把“电话”发成“电挂”等。有的爸爸妈妈对此很着急，所以就不太注意自己的说话方式，对宝宝严厉斥责；有的爸爸妈妈还会取笑宝宝，甚至哄堂大笑；有的爸爸妈妈则是学宝宝，也跟着“兜兜”“的的”这样说；还有的爸爸妈妈看见宝宝发错音了，马上就会纠正说：“不是兜，是狗。”其实这些做法都是错误的，这样做不仅不能纠正宝宝的发音，还会打击宝宝说话的积极性，造成宝宝以后不愿意开口或者继续错下去。所以，正确的做法是爸爸妈妈用正确的发音清晰地重复几遍，让宝宝听清楚字的发音。这样，宝宝的发音就会逐渐变得标准了。

两三岁的宝宝语言敏感期已经开始了，宝宝的语言模仿能力很强，爸爸妈妈教什么或者说什么，他们都能很快模仿出来。而且随着词汇量增多，这个时期爸爸妈妈要适当地采取措施，让宝宝接受语言环境的刺激，帮助宝宝准确发音，提高语言表达能力。

要想让宝宝说话，爸爸妈妈就要多和宝宝说话。这一点我深有感触，可以说从朵朵出生的那一天起，我就没有中断过和朵朵的说话交流，即使她不会说话，也听不懂我在说什么。而在朵朵学会说话后，说出来的很多词汇是我从来不曾教过她的，这说明宝宝的语言经验是需要从出生那一刻不断积累的，所以，爸爸妈妈要经常和宝宝沟通。沟通多了，宝宝的脑海里积累得就多，等宝宝积累到一定程度后，语言就自然“爆发”出来了。

宝宝刚学会说话，因为吐字方法还没有很好地掌握，就会出现吐字不正确、不清晰的情况。虽然这是很正常的现象，但爸爸妈妈也不能放任自流，任其发展，要帮助宝宝改正发音，让宝宝看爸爸妈妈的发音，或者和宝宝多说一说吐字不清或不准确的字词。千万不要将宝宝错误的发音当成是笑话，故意模仿宝宝的发音。这样不仅会误导宝宝，严重时还会让宝宝害怕说话。如果宝宝一时学不好某个词的发音，爸爸妈妈也不要太过着急，以免让宝宝产生恐惧的心理。

我就见过一位这样的妈妈，因为住在一个小区，所以经常遇到，有时候还会坐在一起聊聊天。有一次，傍晚时分，我带着朵朵到楼下散步，正好遇见这位邻居带着宝宝也在楼下玩，我们就坐在一起聊宝宝的事情。突然，从不远处走来一位老太太，她的宝宝看见后，非常高兴，一边喊“袄袄、袄袄”，一边张开双手向老太太跑过去。见此情景，这位妈妈哈哈大笑起来，当我问她为什么发笑时，她说她的宝宝把“姥姥”叫成“袄袄”，觉得挺好玩，而且每次宝宝说出一些发音不准确的字、词后，她都会开玩笑地重复宝宝说的话，比如问宝宝说：“袄袄家在哪里？”“这条小兜兜好可爱。”我很诚恳地和她谈起了这件事情，告诉她不应模仿或者嘲笑宝宝的发音，那样会影响宝宝语言的发展。那位妈妈恍然大悟，认识到了自己所犯的错误。

对于大多数宝宝来说，口齿不清只是语言发育过程中一个正常的生理现象，只要你用正确的发音多重复宝宝发错的音，敏感又聪慧的小家伙并不需要很长时间，就可以在你的示范下，学习到正确的吐字发音和表达。

妈妈有话说

如今独生子女众多，在家庭生活中宝宝缺乏沟通交流的同龄伙伴，这样对他的语言发展并没有什么好处。妈妈要尽可能制造机会，多让宝宝和其他小朋友在一起交流、玩游戏，时间一长宝宝说话肯定会越来越清楚。比如，家长在参加聚会的时候可以带宝宝一起去；在双休日，让宝宝到小朋友家去做客，或者邀请小朋友到家里来玩。

专家方案

爸爸妈妈是宝宝最早的语言老师。在和宝宝用语言交流时，一定要注意自己发音正确以及说话方式和说话态度，让宝宝在潜移默化中学习到正确的发音和表达。

一是爸爸妈妈不要重复宝宝错误的发音。在宝宝吐字不清、发音不准的情况下，应当用正确的语音来和宝宝说话。

二是爸爸妈妈在平时要经常鼓励宝宝，当他说得清楚一些的时候，要及时给予表扬。

三是爸爸妈妈要尽可能引导宝宝放慢说话的速度，语速不要过快。

宝宝不可以学脏话

朵朵快2岁时，说话已经很清楚了，而且特别喜欢说话，经常把我和老公逗乐，但是有一次朵朵说出的话让我很惊讶。那天我在厨房里忙着做饭，老公坐在沙发上看电视，朵朵自己在老公旁边和毛绒狗狗玩。突然，我听见朵朵大喊："滚蛋!"我和老公下意识地回头看她，只见朵朵和毛绒狗玩得还是很开心，并没有表现出很生气的样子。这是我第一次发现朵朵说脏话，对于朵朵说脏话，我们并没有着急去呵斥她，也没有感到手足无措。因为气急败坏是没有用的，沉着冷静地应对朵朵说脏话才是爸爸妈妈应该有的态度的。

她爸爸装作很不解地问："朵朵啊，告诉爸爸，'滚蛋'是什么意思啊?"朵朵扑闪着大眼睛，然后摇摇头说："不知道。"他爸爸接着问："那你为什么对小熊说'滚蛋'呢?"这一问，朵朵似乎有了答案，很得意地说："这是我从电视上看到的。"经朵朵这么一说，我才想起前段时间，我买了一套小喇叭儿童广播剧的光盘，有一次和朵朵一起听《小猪和她妈妈》的故事，故事里小猪被狐狸抓住了，狐狸把小猪带回洞里，要吃掉它，小猪就对狐狸大声说："滚蛋，你这只坏狐狸。"大概朵朵就是看了这个故事后学会了"滚蛋"这个词的，以为对任何人都可以说。老公说："'滚蛋'是对像坏狐狸那样的坏蛋才可以说的，像毛绒狗这么听话、乖巧，又喜欢和朵朵玩的好朋友是不可以说'滚蛋'的。"朵朵听后，似懂非懂地点点头说："我很喜欢毛绒狗，喜欢和它玩。”他爸爸继续说：“是啊，‘滚蛋’是骂人的话，不好听，说了之后别人会不高兴的，朵朵不学这个。”朵朵很懂事地点点头，说：“我不说了。”老公在她的脸蛋上亲了一下，表扬说：“朵朵真是个好孩子，爸爸喜欢，妈妈也喜欢。”

当宝宝口出脏话时，爸爸妈妈无须反应过度，过度反应对于尚不能了解脏话意思的宝宝来讲，只会刺激他重复说脏话的行为，他会认为说脏话可以引起你更多的注意。所以冷静应对才是最重要的处理原则。就像上例中，朵朵刚学说话，对任何一句话都会产生好奇心，有一种情不自禁的模仿本能，偶尔听见别人或者电视里说一句脏话，也许她并不明白这句话的意思就跟着学了。爸爸妈妈应该耐心地引导宝宝，不妨先问宝宝是否真的懂得这些脏话的意思。他真正想表达的又是什么。进而告诉宝宝说脏话是不好的、不对的、不能学的，把不文明的行为消灭在宝宝学说话的萌芽状态中，这才是爸爸妈妈教育宝宝的关键所在。

在生活中，我见过很多宝宝说脏话，也见过爸爸妈妈的各种反应，最让我揪心的就是：有的大人听到宝宝讲脏话后觉得挺好玩，故意引逗宝宝继续说或者是哄然大笑；有的大人对于宝宝说脏话置若罔闻，任凭宝宝说，只要他喜欢说就行。我就曾经遇到过这样的情况。

在朵朵一岁半时，有一个婴幼儿早教基地免费开放，我就带着朵朵去参观，正好遇到一位妈妈带着两三岁的宝宝也在参观。出于礼貌，我亲切地对那位宝宝说：“你长得真可爱，几岁啦？”只听见那个宝宝说了一句：“去你的！”当时我一愣，差点没反应过来，原来是在骂我呢。但是她妈妈并没有任何反应，只是“呵呵”地笑了几声。我又问：“宝宝今天玩得开心吗？”答复我的又是一句“去你的”。我碰了两回钉子，而她妈妈只是笑笑而已，我赶紧带着朵朵离开了。

其实，在宝宝说脏话的时候，不管爸爸妈妈采取哪种不恰当的行为，对于宝宝的成长都是一件有害无利的事情。因为家长这种不正确的做法和表现只能强化宝宝骂人说脏话的行为，会让宝宝以为自己说脏话很得意，更加肆无忌惮地去说，渐渐养成难以改变的坏习惯。

有时候，宝宝通过说脏话的方式来表达不良情绪，这也是其心智发展的一个表现。我觉得，两三岁的宝宝，已经开始懂得用脏话来发泄心中的愤怒了。如果宝宝是因为情绪不佳说脏话，家长要试着去了解他为什么不开心、找到说脏话的根源，并且帮助宝宝用正常的话表达出内心的感受，适当给予安慰。爸爸妈妈要帮助宝宝学习如何用正当的方式表达负面情绪，以及如何寻求帮助让自己的心情平静下来。问题根源解决了，宝宝说脏话的现象就能得以改正。当宝宝的心智越来越成熟，逐渐能够控制自己的情绪之后，说脏话的情况就会消失的。

另外，为宝宝创造一个良好的语言学习环境也是非常重要的。在生活中，有的爸爸妈妈平时不太检点自己的言行，宝宝受其影响，也学会了说脏话。有一次，老公无意中的一句脏话让朵朵听到了。在事后，老公主动、坦诚地向朵朵检讨说："那天爸爸由于不高兴，说出了那句脏话，我是不对的，你也不要学，今后我们谁都不许说脏话了。"而且双方还拉钩做出保证。所以说，爸爸妈妈首先要提高自己的修养，严于律己，才能为宝宝营造文明、礼貌的语言环境。

妈妈有话说

两三岁的宝宝智力发育很快，出现了自我意识的萌芽，开始形成了表象、想象和思维，能用语言表达自己的感受，能够在头脑中形成对客观事物的形象，不但能记住那些具体的、自己体验过的事物，而且还能记住那些听来的抽象的事物。所以，宝宝有时很可能会把听到的脏话说出来。这时爸爸妈妈要耐心引导宝宝，教他换成文明语言，随时提醒宝宝，告诉他不说脏话，才是乖宝宝。

专家方案

说脏话是一种不文明的行为，是缺乏教养的表现，它直接影响到人与人之间的交往。这种不文明的行为如果发生在宝宝身上，不外乎有以下三种情况：

一是宝宝没有是非观念，情不自禁地模仿。别人骂，他也跟着骂，这是宝宝学骂人的一种普遍心理。作为家长，要问清宝宝是跟谁学的，然后有针对性地进行教育，告诉宝宝说脏话是不对的。

二是宝宝宣泄不满情绪。这时家长要找到令宝宝生气的原因，悉心引导宝宝。

三是家中可能有不文明的语言环境。爸爸妈妈首先要做到语言美、行为美，为宝宝做出榜样。

帮助宝宝学习量词

朵朵3岁时，有一天我们准备出去逛一逛商场。正要锁门时，朵朵突然想起没有穿上刚买不久的新马甲，就说："妈妈，我有一个衣服忘记穿了！"我回家把朵朵的小马甲找出来，一边给她穿一边说："衣服不是一个，应该说一件衣服。"朵朵睁着大眼睛，看着我说："那裤子是一个吗？"我说："裤子是一条！"朵朵似懂非懂地点点头。

其实，在生活中，量词运用不当，是宝宝语言发展中常见的现象。比如，朵朵口语中常出现的"一个小鸟""一个车""一个沙发""一个小猫"等，几乎所有东西都用"个"来表示。我反思了一下，主要有几个方面的原因：一是在某些时候，我们怕宝宝听不懂我们所说的话，就故意将话说得简单一些，有时候还故意用错量词，比如在大街上遇到一辆汽车，就会对宝宝说："宝宝看，那是一个汽车！"这样说是为了让宝宝能听明白些。但我们忘记了一点，宝宝正是处于学说话的关键时期，爸爸妈妈和他说什么，他就会有意识地模仿什么，将这些话印记在大脑里，无意中给宝宝留下了错误的印象；二是因为量词本身没有实际的意义，不像名词那样可以代表物体、动词表示动作、形容词表示形状或者特征，宝宝对它不容易理解，所以不会使用；三是宝宝的知识面比较狭窄，说话大多使用的是简单句，句子中使用名词、动词和形容较多，使用量词的机会较少。

认识到问题根源后，我决定从日常生活开始入手，逐渐教朵朵正确地使用量词。比如在客厅里，我就和朵朵说："客厅里有一台电视、一张茶几、一盆花、一张沙发……"在卧室里我就对朵朵说："卧室里有一张床、一个柜子、一盏灯……"给朵朵穿衣服时，我就说："朵朵的身上穿着一件上衣、一条短裤、一双鞋、头上戴着一顶帽子……"吃饭的时候，我对朵朵说："这是一只碗、一双筷子、一个盘子……"刚开始朵朵觉得我说得很好玩，就跟着我说一台电视、一张茶几等。就这样，通过不断的重复，朵朵终于发现家里的每一件物品都可以用相应的量词来表示。虽然她不知道这些词和这些物品有什么样的关系，但是在不断的训练中，量词使用错误的情况越来越少了。

经过我不断的摸索，我觉得采用以下几种方式，对宝宝学会正确使用量词效果很不错。

1. 和宝宝玩使用量词的游戏

在家里，我经常和朵朵玩一些使用量词的游戏来对她进行训练，而像"开玩具店""娃娃当家"等角色游戏是教宝宝学习量词的最佳途径。

朵朵最喜欢玩的就是"开超市"这个游戏。朵朵喜欢扮演开超市的小老板，我和老公就扮演买东西的顾客。在家里的地板上摆上一些她比较熟悉的物品就可以开始游戏了。我和她爸爸走进超市后，朵朵就笑眯眯地用唱腔给我们介绍各种各样的商品："小朵朵，开超市，一张小桌子，两顶小帽子，三把小椅子，四双小袜子，五个小瓶子，六件小褂子，七条小裤子……"当朵朵从头到尾把自己店里的商品介绍一遍后，就轮到我这个顾客出场了。我一边选商品，一边嘴里也用唱腔的方式说："从外来了两名小顾客，要买两顶小帽子。"然后我将两顶帽子放到事先准备好的篮子里，继续买商品，说："五个小瓶子！"然后再把五个小瓶子放在篮子里。等我买完之后，老公该上场了，说："三把小椅子，四双小袜子。"边说边将买的东西放入篮子里。我再次出场，买走她的"六件小褂子，七条小裤子和一张小桌子"。到此为止，朵朵超市里的东西都被我们这两名顾客买走了。然后我和老公异口同声地说："小朵朵的东西卖完了，明天继续开超市……"游戏就在欢快的气氛中结束了，而那些量词对朵朵来说也已经耳熟能详了。

经过反复地玩这样的角色游戏，朵朵使用量词也越来越准确了，知道了每样东西都要用一个特定的量词表示，而不是所有的物品都是用"个"这个量词来表示。不过在这里需要提醒大家一点：在和宝宝玩使用量词的游戏时，一定要让宝宝先熟悉每一件物品要用什么量词，爸爸妈妈可以先给宝宝多示范几次。

2. 教宝宝唱量词儿歌

我觉得难以理解的知识只要把它编进儿歌中，宝宝就很容易接受，而且还便于记忆，并能增强他的学习兴趣。

朵朵从出生的那一天起，几乎每天都会听到我为她唱的不同的儿歌。也许是耳濡目染的结果，朵朵学会说话后也特别喜欢唱儿歌。我抓住朵朵喜欢唱儿歌这一特点，又找了很多与量词相关的儿歌教朵朵咏唱，希望通过儿歌能更好地帮助朵朵正确使用量词。

果然不出我所料，朵朵一下子就喜欢上了量词儿歌，而且只要我教她唱三四遍后，朵朵就能自己完整地唱下来。在选择量词儿歌时，妈妈要尽量选择那些量词比较多的儿歌，比如"天上七颗星，地上七块冰，树上七只鸟，梁上七根钉"。在这首儿歌中，仅短短的四句词，却包含了"颗、块、只、根"这四个量词，宝宝在学会这首儿歌的同时，也记住了这四个量词，在今后的运用中，再遇到这样几个名词就知道用什么量词来表示了。

3. 看图片选量词

在玩游戏和学儿歌的过程中，朵朵对量词的使用越来越熟悉了。为了巩固这一成果，我还想出了一个专门用来巩固朵朵学习量词的方法，那就是让朵朵给图片中的物品或动物选择一个合适的量词。

我找出虫子、小鸡、电视、苹果、信、笔、花、鱼等各种各样的图片，然后让朵朵根据我说出的量词，找出相对应的图片。比如我说“一只”后，朵朵在图片中观察，然后选出和“一只”搭配的图片。刚开始朵朵对“一只”这个量词比较模糊，选择的时候会有“猫、狗、小鸡、笔、虫子”等好几种，这里有的是正确的。而有的则是不正确的，我会从朵朵选择出来的图片中告诉朵朵是“一条虫子，而不是一只虫子”……就在朵朵不断的观察寻找中我为她指出其中的错误，并引导朵朵纠正错误。到后来，朵朵对量词和名词配对越来越熟悉，使用量词越来越准确，错误率越来越少了。

教宝宝正确使用量词的方法有很多，只要妈妈用心，根据宝宝的特点和爱好对他进行正确的引导，就能让宝宝在游戏中既享受到学习的快乐，又能学到知识。

此外，妈妈还可以把宝宝学习的环境和范围扩大到生活中的方方面面，让宝宝充分利用日常生活中接触到的东西，自然而然地学会最基本的量词用法，从而不断丰富宝宝的词汇量，逐渐提高宝宝的语言表达能力和词语运用能力。

妈妈有话说

量词的种类多样，在宝宝有限的语言表达中，量词的使用率很低，因此，教宝宝学习量词应该循序渐进。家长一开始可以从日常生活中入手，从身边的事物教宝宝。通过不断的重复，宝宝就会发现原来每件东西都有相应的量词搭配，时间长了，就容易理解量词的抽象含义了。

专家方案

量词运用不当，是宝宝语言发展中的常见现象。那么，如何使宝宝正确地使用量词呢？爸爸妈妈可采用以下方法：

一是爸爸妈妈在日常生活中与宝宝进行交流时，要正确地使用量词，不要因为怕宝宝听不懂而乱用量词。

二是爸爸妈妈在教宝宝使用量词时，可通过宝宝感兴趣的事情进行，如唱儿歌、玩游戏等，不要让宝宝有太抽象的感觉。

三是当宝宝用错量词后，爸爸妈妈要及时进行纠正。

帮助宝宝告别“鹦鹉学舌”

“这是小狗。”“这是小狗。”“这是小猫。”“这是小猫。”“你叫宝宝。”“你叫宝宝。”“不对不对，你应该说‘我叫宝宝’。”这是某一天我遇到的一幕，一位妈妈正在努力地教两岁多的女儿说话，但是每次涉及人称的变化时，宝宝就会出错，而且怎么教都教不会。为此妈妈开始发愁，像她家宝宝这样学说话，什么时候才能学会和别人交流沟通呢？

大家有没有发现，这位宝宝学说话，就好像小鹦鹉在学舌一样，只是单纯的模仿，只会说一些固定的词语而已，让他自己说话却不知道说什么。

模仿是宝宝学习语言的重要途径之一，而随着宝宝语言能力的不断提高，需要开始从与别人交流等其他途径获得新的词汇、新的表达方法。这个时候爸爸妈妈就不宜单纯地采用“鹦鹉学舌”的形式对宝宝进行语言训练了，否则会对宝宝的语言学习进程造成阻碍，使宝宝对学习语言失去兴趣。

一般情况下，教 1 岁以前的宝宝说话，采用的依旧是“鹦鹉学舌”的方法，比如家长让宝宝叫“爸爸”“妈妈”，说“再见”等，然后宝宝以模仿简单的发音为主。但是宝宝 1 岁后，随着生活经验、认知能力的丰富和增强，宝宝的词汇量不断增多，逐渐可以使用简单词语与别人进行交流、表达意思；明白别人给予的简单指令；会跟着大人学说单字，如吃、喝、饭、水等。所以，教这个阶段的宝宝学说话，除了使用“鹦鹉学舌”的方法外，爸爸妈妈还应该采用各种不同的办法。对于这个问题，在这里我谈一下我的经验，希望家长朋友们能从中得到一些启示。

朵朵在1岁半的时候，还不能将一句话完整地说清楚，还是喜欢用一两个词表示一句话的意思。记得有一次，朵朵自己坐在床上玩积木，我在厨房里做饭，过了一会儿，朵朵开始大叫："妈妈，鞋。""妈妈，鞋。"我知道朵朵想下地玩，让我帮她穿鞋子。于是我走到朵朵面前用疑问的口气说："朵朵要穿鞋子？"朵朵点点头。我说："妈妈给朵朵把鞋穿上。"朵朵也随口模仿我说："把鞋穿上。"

还有一次，我们一起外出，朵朵走累了，张开双手，说："妈妈，抱抱。"我蹲下身子并没有马上抱起朵朵，而是问："朵朵累了，让妈妈抱？"朵朵跟着说："妈妈抱。"我笑着说："好，妈妈抱着朵朵走。"朵朵高兴地说："妈妈抱朵朵。"

使用反问句的方式来教宝宝学说话是一个常见的、效果不错的方法，这样可以让宝宝告别"鹦鹉学舌"，在回答妈妈问题的同时，学会连贯表达自己的意愿。因此，宝宝两岁以后，要让他有充分说话的机会。如果宝宝开始将两个不同的词连成一句话来表示他的要求时，爸爸妈妈一定要注意，这是一个很重要的进展，这时家长应该像运动会上的"拉拉队员"一样，给宝宝加油和鼓励，并引导宝宝将话表达得更完整。

宝宝是通过模仿成人的语言学习说话的。因此，从这个阶段开始，爸爸妈妈要尽量使用完整的句子和宝宝说话，以便让宝宝多学习，逐渐学着正确地使用它们。如果家长总是习惯用短句或者一两个字与宝宝说话，宝宝在模仿的过程中很难将长句子说完整，从而使其思维能力和表达方式受到限制。

在生活中，爸爸妈妈要让宝宝充分发挥主动性，成为说话的主角，多引导宝宝主动说话。当宝宝想用一两个字或词表达自己的要求或者想法时，即使你已经听明白了，也不要马上给予回应，而是要让宝宝自己说得更完整。

为了更好地训练朵朵对语言的理解能力，朵朵两岁半时，我就开始指导朵朵用不同的词汇说出相同内容的话。

记得有一次，奶奶打来一个电话，朵朵高兴地和奶奶聊这聊那。挂断电话后，我和朵朵坐在沙发上开始讨论家庭成员之间的关系。我说："奶奶是爸爸的妈妈。"然后试着让朵朵换一种说法来表示相同的内容，朵朵想了想说："爸爸的奶奶是妈妈！"显然朵朵并没有理顺其中的关系，乱说起来了。我引导朵朵说："爸爸叫奶奶什么？"朵朵说："妈妈。""那爸爸是奶奶的什么？"朵朵思考了一下还是没有理顺其中的关系，我又说："朵朵是妈妈的什么？"朵朵略微思考了一下说："孩子。""那爸爸是奶奶的？"朵朵马上接过我的话茬说："爸爸是奶奶的孩子！"我高兴地夸朵朵说："真是一点就通，朵朵真是太聪明了。"朵朵经我一夸更是得意。

通过这样的训练，让朵朵学会了从不同的角度思考问题，朵朵的表达方式也逐渐丰富起来，语言也变得灵活、生动、准确、充满了智慧，思维也变得很灵活。我们在一起说一句话，朵朵经常就能想出另一种表达方法。

宝宝学习语言，是从具体到抽象的变化过程。如果完全由爸爸妈妈一字一句地教宝宝"这是什么，那是什么"，最多能够强化宝宝对这一种物体的认识和记忆，宝宝学会的是单个的词汇，而不是语言表达的能力。所以，要想让宝宝在语言上有更大的突破，就要给宝宝提供说话的机会，不要过多地干涉宝宝的"言论自由"，更不要让宝宝模仿着你的声音和口型"鹦鹉学舌"了。

妈妈有话说

宝宝从牙牙学语开始，便走进了模仿语言这个必经阶段。模仿语言，就是鹦鹉学舌。然而，当宝宝稍稍懂事后，你会发现一味地鹦鹉学舌将会给宝宝带来很多不利的影响，比如不能和小伙伴很好地交流，受到排斥；不能开启宝宝的创造性思维；不利于宝宝语言能力发展等。为此，在宝宝 2 岁后爸爸妈妈应该帮助和引导宝宝摆脱“鹦鹉学舌”，学会表达自己的想法，说出自己的语言。

专家方案

模仿是小宝宝学语言的主要方法之一，而随着宝宝语言能力的提高，开始从交际等其他途径获得词语。如果此时继续采用“鹦鹉学舌”的教学方式，会给宝宝在学习语言的道路上造成很多障碍。因此，当宝宝 2 岁后就要设法摆脱这种表述方式，探索新的方式教宝宝说话了。

一是家长要充分给宝宝说话的自由，让他成为说话的主角。

二是家长要引导宝宝将话说清楚，意思要表达完整。

三是家长要让宝宝学会通过不同的话表达相同的内容，培养宝宝对语言的理解和表达能力。

宝宝来数数吧

朵朵在1岁前，每次吃水果时，我就会有意识地问“你要几根香蕉”“几个苹果”这样的问题，这个时候的朵朵是答不出来的，于是我拿起她的小手引导她竖起食指，表示要一根或者一个，然后教朵朵说“要1根”“要1个”。然后给她一根香蕉或者一个苹果，让她在潜意识中认识数字“1”和物品的对应关系。经过几次这样的训练，当我再问朵朵要几根香蕉或者几个苹果时，她就会很乖巧地竖起自己的食指，表示要1根或要1个。然后我会将事先准备好的识字卡拿出来让她认识“1”。虽然这个时候宝宝并不明白“1”这个数字的概念，但是经过不断的训练，在她的大脑里就会把“1”这个数字储存起来。为了帮助朵朵巩固对“1”这个数字的认识，在日常生活中，我还会利用其他的素材教朵朵。比如问朵朵：“你几岁了?”然后教她把食指竖起来表示自己1岁了；玩积木的时候，我会问朵朵：“这是几块积木?”引导她竖起食指表示1块。每当朵朵竖起自己的小手指表示“1”的时候，我就会高兴地笑起来，夸赞一番。这时朵朵也会很得意，并喜欢重复这个动作。这样的游戏将枯燥的数字转化成开心的音符，让朵朵轻松地认识了数字“1”。

据专家认为，12~18个月的宝宝还不能完全理解抽象的1~10这些数字。但是爸爸妈妈可以从认识身边的事物开始，如认年龄、认玩具等，初步教给宝宝数字的概念。在宝宝18个月后就可以从1数到10了，3岁前宝宝对数字的概念一般都是从学会背数开始的。虽然18个月的宝宝就可以背出10个数字，但是并不代表宝宝就理解了数字所代表的含义，语言表达上还不会运用。比如他想要吃一个苹果，可能说成“吃苹果”“要苹果”这样的短句，而不会运用数字说出要“一个苹果”“两个香蕉”这样的句子。因此，家长要想训练宝宝学数数，应该把数字融合在具体的语言中运用中，这比抽象地训练宝宝数数效果更好。

朵朵喜欢听儿歌，经常会看着电视一边听儿歌一边跟着哼唱，有时还会模仿电视里的动画做一些小动作。记得有一段时间，朵朵特别喜欢《两只老虎》：“两只老虎，两只老虎，跑得快，跑得快，身后一路尘埃，前方一片空白，真奇怪，真奇怪；两只老虎，两只老虎，跑得快，跑得快，逃离茫茫人海，冲向遥远未来。”一天我带着朵朵出门，碰见两只小狗在玩耍，朵朵指着小狗说：“妈妈，两只小狗！”刚开始我并没有意识到朵朵说的话有什么变化，就随便回应了一句说：“对呀，是两只小狗！”说完后，我感觉有点儿不对劲，细想才发现朵朵竟然说出了“两只小狗”这句话。我赶紧说：“朵朵怎么会说两只小狗了？”朵朵很得意地说：“两只老虎，两只小狗。”我一想原来是通过听《两只老虎》这个儿歌联想到的两只小狗。

就这样朵朵在听这首简单的儿歌中，把抽象的“2”的概念和两只老虎的实际形象联系起来，并运用到了实际生活当中，从而加深了对数字的理解。

在日常生活中，随处都可以找到很多教宝宝学数字的教材，比如穿衣服、穿鞋子这些毫不起眼的生活细节几乎天天都在重复，爸爸妈妈是否可以想到，其实这也是锻炼宝宝认识数字、练习说话的好机会。在给宝宝穿衣服的时候，妈妈可以问一下宝宝“有多少个袖子”“有多少个纽扣”“有多少条鞋带”等一系列简单的问题，这就等于每天在语言上、思维上训练宝宝，这样宝宝更容易掌握数字的概念。

当然，如果爸爸妈妈单刀直入地教宝宝数数，很多时候，宝宝都会因为太枯燥而不愿意学。但是如果爸爸妈妈巧花心思，将宝宝爱玩的天性以及他喜欢的东西融进数数当中，就会出现不一样的效果。比如，通常上、下楼梯会让宝宝感到疲倦且无味，倘若爸爸妈妈用一些有趣的方法，与宝宝边上楼梯边一阶一阶地数楼梯，不仅能训练宝宝的思维，而且宝宝吵闹着让爸爸妈妈抱着上楼的现象也将大大减少。

记得刚开始教朵朵数数的时候也是特别费劲，经常是数了“1”马上就会跳到“5”，最后我通过不断的摸索和总结，发现她对玩数学游戏特别上心，于是我决定把教育重点放在游戏上面。果然不出我所料，朵朵数数有了很大进步。

在朵朵3岁时，我们一起玩数数游戏。这个时候朵朵早已经学会从1数到10了，不过每次数到10时，就会出现卡壳的现象，不管怎么教总是拐不过弯来。为了帮助朵朵渡过数数这一难关，我把给她买的彩笔全部倒出来，让她“点物数数”，这样不但可以让她数起数来流畅，而且还可以让她将数字的概念与具体的物体联系起来。

“朵朵，来，你跟在妈妈后面数。”我从彩笔堆中拿出一支笔放在了一旁说：“1。”

“2。”朵朵接在后面数，她也拿出了另一支，和我的彩笔放在一起。

“3。”“4。”“5。”“6。”“7。”“8。”我们俩一人数一下。

“9！”等数到这个数字时我会提高声音，然后看着朵朵，让她数“10”。但朵朵并没有数“10”。而说：“重新数。”因为她又拐不了弯了。

这时我对女儿说：“9后面是10。9，10！”我教朵朵数。

“9，10；9，10。”朵朵重复了几遍。

“我们再来一遍。1。”我又带着朵朵数了起来。

经过几次反复，朵朵终于学会了拐弯，于是我们又继续“11”“12”地数了下去。

就这样朵朵逐渐学会了数数，现在一口气能数到100呢。

通过不断的锻炼和重复，再结合日常生活中的实物，朵朵终于学会了数数，而且一口气能数到100。我发现，通过各种各样的数数游戏，朵朵的思维能力也在不断地提高。如果宝宝还小，妈妈可以选择适合宝宝玩的数字游戏，比如“手口一致点”数这样的游戏，这样不仅可以锻炼宝宝的数数能力，而且还对宝宝的手眼协调能力有好处。

在教会宝宝数数之后，爸爸妈妈还可以教宝宝学会数的分解和组合。

朵朵在3岁后，我们玩数字游戏逐渐多了起来，待她学会数数字，并知道了数字与实物之间的联系之后，我就有意识地教她学习数的分解和组合了。比如我在桌上摆3块糖果，先让朵朵点数，一共有几块糖，让她拿去1块，然后问她桌上还剩几块糖？这时朵朵点数后会说：“2块。”我接着再问：“合起来一共有几块？”然后引导朵朵将手里的糖和剩下的放在一起。然后再让朵朵从中拿走2块糖，问她还剩几块？合起来一共几块？最后让朵朵把糖果分给大家，结果爸爸、妈妈、朵朵每人1块，合起来也是3块糖。

通过这样的游戏，朵朵渐渐地明白了，3可以分成1和2、2和1、3个1。这实际上是在做3以内的加减法。学会了数的分解和组合，才算真正掌握了数的概念。所以在教宝宝数数的同时也不要忘了教宝宝简单的运算，帮助他真正地掌握数字的概念，这对宝宝正确地用语言表达出各种数字，对宝宝的表述更加准确、流畅有很好的引导作用。

妈妈有话说

在教宝宝数数时，家长常会有一种错觉，认为只要宝宝能将数字背得朗朗上口，没有任何卡壳就说明宝宝学会数数了。其实教宝宝数数并不像表面那么容易，宝宝从1背到20是很容易的事情，但是当在他面前摆放着“20”

个实物时，他却数不来。由此看来，教宝宝数数并不是背会这几个数字，而是要让宝宝真正掌握数的概念，了解数字与实物的对应关系，这样才能让宝宝从中体会到数数的乐趣。

专家方案

数数，就是让宝宝熟悉数的序列。可是，单调地数数并不能引起宝宝的兴趣，经常是宝宝要不不肯合作，要不就是前面学后面忘。所以，教宝宝学数数，爸爸妈妈得用巧方法，让宝宝觉得好玩、有趣才行。

一是从宝宝不会说话时，就要有意识地教宝宝对数字的概念。

二是在生活细节中教宝宝认识简单的数字，掌握数字的概念。

三是父母巧花心思，用宝宝喜欢的玩具做教具，认识数字。

四是父母和宝宝一起玩数字游戏，让宝宝掌握数字与实物的对应关系以及简单的数学运算。

图书在版编目（CIP）数据

好妈妈这样做：挖掘孩子的语言潜能 / 张海媛编著.
—北京：中国妇女出版社，2014.8
ISBN 978-7-5127-0844-0

Ⅰ.①好… Ⅱ.①张… Ⅲ.①婴幼儿—语言能力—能力培养 Ⅳ.①G613.2

中国版本图书馆 CIP 数据核字（2014）第 040510 号

好妈妈这样做：挖掘孩子的语言潜能

作　　者：张海媛　编著
策划编辑：王晓晨
责任编辑：王晓晨　晓　春
封面制作：曾　梅
责任印制：王卫东
出版发行：中国妇女出版社
地　　址：北京东城区史家胡同甲 24 号　　邮政编码：100010
电　　话：（010）65133160（发行部）　　65133161（邮购）
网　　址：www.womenbooks.com.cn
经　　销：各地新华书店
印　　刷：北京联兴华印刷厂
开　　本：170×230　1/16
印　　张：16
字　　数：200 千字
版　　次：2014 年 8 月第 1 版
印　　次：2014 年 8 月第 1 次
书　　号：ISBN 978-7-5127-0844-0
定　　价：32.00 元